오사카
도시의 기억을 발굴하다

아시아총서 40

오사카

도시의 기억을 발굴하다

가토 마사히로 지음
곽규환 · 진효아 옮김

산지니

차례

일러두기

1. 인명, 지명, 기관 및 단체 등은 국립국어원 일본어 표기 규정에 따른다.
2. 도로명과 행정구역명은 국립국어원 일본어 표기 규정에 따르되, 행정구역 단위 시(市) 등은 우리말로 표기한다.
3. 기관 및 정책 등의 명칭은 우리말 한자음으로 표기한다.
4. 각주는 모두 역자 주이다.
5. 도서, 잡지, 신문은 『 』, 시, 글, 논문은 「 」, 강조는 ' ', 영화나 방송 프로그램은 〈 〉로 표시하였다.

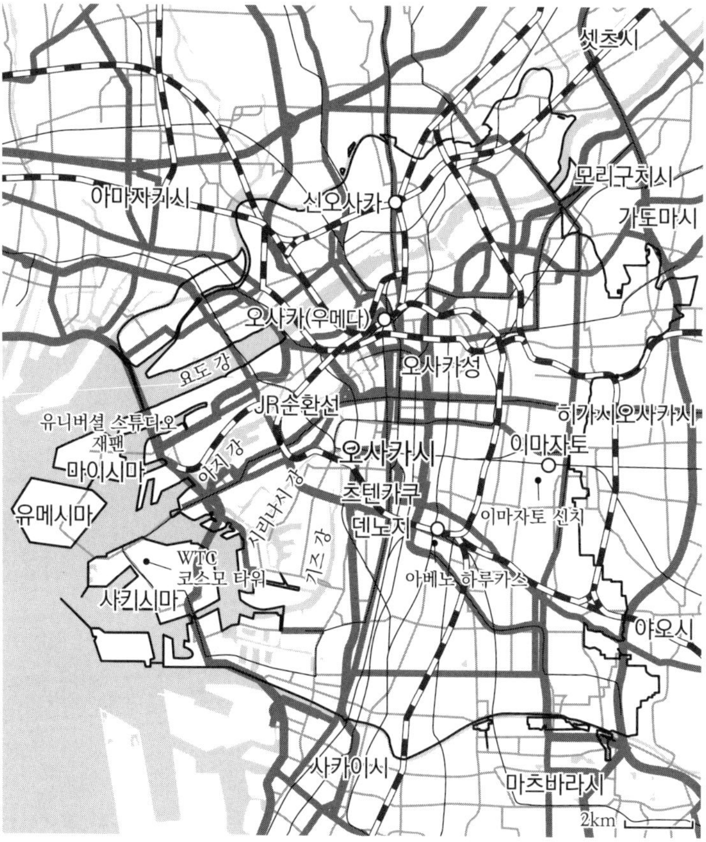
셋츠시
모리구치시
가도마시
아마자키시
신오사카
오사카(우메다)
오사카성
요도 강
JR순환선
히가시오사카시
유니버셜 스튜디오
재팬
오사카시
이마자토
마이시마
아지 강
시리나시 강
츠텐카쿠
이마자토 신치
유메시마
덴노지
WTC
코스모 타워
기즈 강
아베노 하루카스
사키시마
야오시
사카이시
마츠바라시
2km

지도 1 오사카시

프롤로그

로지*와 요코초**의 도시 공간

1
하수처리장의 거주 공간

펌프실 위에서

오사카시大阪市 니시나리구西成区 서쪽 끝, 기즈 강木津川 인근에 쓰모리津守 하수처리장이 있다. 쇼와 6년(1931)부터 10년간 거액을 들여 건설해서 쇼와 15년(1940) 4월에 통수를 시작한 이곳은 오사카시에 처음 세워진 대형 하수처리 시설이다. 당시 쓰모리 하수처리장은 뉴욕과 시카고의 대형 하수처리장 다음으로 큰 규모를 자랑했다(『오사카마이니치신문大阪毎日新聞』 쇼와 15년(1940) 4월

* '로지路地'는 일본어 발음을 그대로 쓴다. 보통 로지를 '건물과 건물 사이의 좁은 길'로 정의하지만, 오사카와 교토의 로지는 '통로+가옥=생활공간'을 뜻한다. 로지와 요코초에 관한 상세한 설명은 다음 절을 참고하라.

** '요코초横丁' 역시 로지와 마찬가지로 일본어 발음으로 썼다. 사전은 요코초를 '큰길 옆에 나 있는 좁은 길'로 정의한다. 뒷골목, 샛길, 또는 골목형 상점가 등이 이 정의에 속한다. '먹자골목'으로 번역하는 경우도 있다. 본서는 저자의 의사에 따라 원문 발음을 그대로 표기했다.

11일). 하지만 반세기가 넘는 세월의 풍파를 겪으며 시설은 노후화됐고, 결국 새 펌프 설비로의 교체를 피할 수 없었다. 헤이세이 17년(2005) 4월, 쓰모리 하수처리장은 65년간 수행했던 초대(구舊 제1) 펌프실의 임무를 종료하고 역사의 뒤안길로 사라졌다.

약 12만 3천m^2 면적의 광대한 부지 중앙에는 아직도 구 제1 펌프실 건물이 남아 있다(그림 0-1). 오래전 폐쇄된 건물 입구는 배흘림 양식의 원기둥과 그 위의 둥그스름한 상층부가 어울려 모던한 분위기를 물씬 풍긴다. 이 펌프실은 지상 3층의 건물이다. 지하에서 2층까지의 건물 중앙은 뻥 뚫렸다.* 아직 지하에 남아 있는 거대 양수기를 지나치다가 '쇼와 9년(1934) 3월'이란 글자가 쓰인 펌프의 명판을 가만 바라본다. 펌프는 이미 오래전에 멈췄다. 하지만 문외한의 눈에는 지금 당장이라도 다시 꿈틀하고 가동될 것만 같다.

이 건물에서 가장 눈길을 끄는 곳은 바로 최고 상층부에 해당하는 3층이다(그림 0-2). 계단을 따라 올라가자 건물의 끝까지 일직선으로 뻗은 복도가 등장한다. 복도 초입의 오른쪽 큰 방에는 '사무실'이란 표찰이 걸려 있고, 길게 뻗은 복도 양쪽으로 무려 14개의 방이 보인다. 모두 하수처리장 시설 노동자 관사(세대용)로 사용됐던 방이다. 현재 방식으로 표현하자면 3LDK**로, 홀

* 후키누케吹き抜け는 건물 중간에 마루를 설치하지 않고 천장까지 뚫려 있는 양식으로 취발형 구조다. 일본에서 많이 사용하는 건축기법이다.

** L은 Living, D는 Dining, K는 Kitchen으로 거실, 식당, 부엌을 통합적으로

그림 0-1 쓰모리 하수처리장 (구) 제1 펌프실

륭한 난간과 도코노마床の間*까지 갖춘 꽤 괜찮은 주거 공간이었다. 복도의 격자 창문에는 아직도 우편함이 걸려 있다. 생활의 냄새가 진하게 뱄다(그림 0-3).

복도 양 끝으로 공동 화장실과 목욕탕도 배치됐다. 대중목욕탕을 방불케 하는 탈의실 선반(로커, 그림 0-4)과 천장의 채광창도 시야에 들어온다.

이 집합주택의 가장 큰 특징은 각 호실 사이에 나 있는 좁은

이르는 일본의 부동산 용어다. 3LDK는 구분된 3개의 방과 연결된 거실, 식당, 부엌, 그리고 화장실이 있는 집을 의미한다.

* 방의 상좌 바닥을 한층 높게 만드는 것이다. 일본의 전통적 실내공간 구조다.

그림 0-2 삼층 복도(위)
그림 0-3 현관과 우편함(아래)

그림 0-4 목욕탕 선반(위)
그림 0-5 로지 형태의 통로(아래)

통로의 존재다(그림 0-5). 통로의 막다른 곳에는 현관과는 무관하게 외부로 이어지는 부엌문*이 있다. 도대체 어떤 사유에 기반해서 만든 것일까. 내가 알고 있는 쇼와 전전기昭和戦前期** 건축물 중 이와 비슷한 형태의 건물은 없다.

이런 궁금증을 품은 채 옥상으로 올라간다. 옥상에서 동쪽을 바라보자 우에마치대지***에 우뚝 솟은 아베노하루카스あべのハルカス가 눈에 띄었다. 펌프실 견학은 헤이세이 26년(2014) 4월, 즉 아베노하루카스가 개업한 지 얼마 되지 않았을 때 진행했었다.

생활공간 로지

이런 집합주택의 공간 형태를 다시 곱씹으면 특정한 현실 공간을 가리키는 한 단어가 바로 떠오른다. 바로 근대 오사카의 기초 공간인 '로지'다.

로지. 이 단어의 울림은 어떤 공간을 떠올리게 하는가. 이 단어는 대개 '건물과 건물 사이의 좁은 도로'를 지칭할 때 쓰인다. 하지만 이 단어를 쓸 때는 주의해야 한다. 사전에 적힌 의미, 도쿄에서의 의미, 오사카 및 교토에서의 의미가 제각기 전혀 다르기 때문이다. 십 대까지 오사카에서 살았던 소설가 우노 고지宇

* 부엌문勝手口은 현관의 청결을 유지하기 위해 별도로 만든 뒷문이다. 보통은 부엌과 연결되어 있다.

** 쇼와 전전기는 쇼와 원년(1926)~쇼와 20년(1945)간의 기간을 가리킨다.

*** 우에마치대지上町台地는 오사카 남북으로 12km 정도 길게 이어진 높은 평지다.

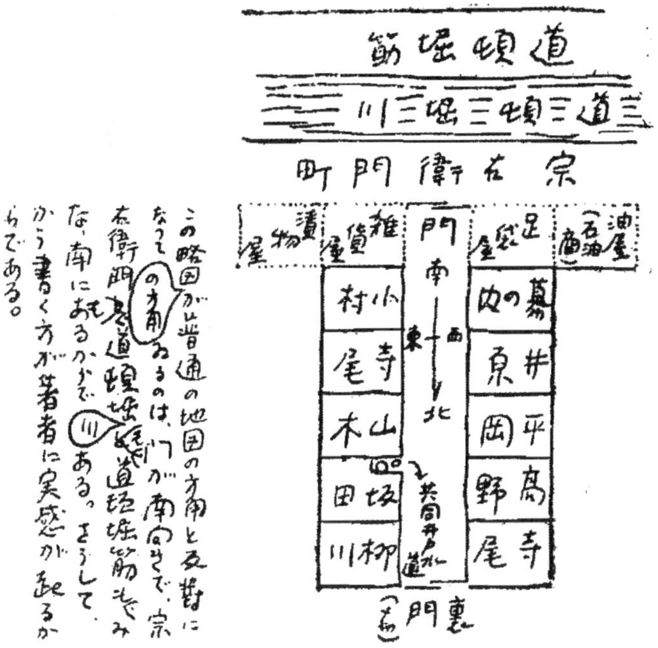

그림 0-6 우노 고지가 살았던 주켄로지(출처: 『오사카』)

野浩二(1891~1961)는 "오사카에서는 '라우지らうぢ'라고 말한다…… 오사카의 로지와 도쿄의 로지는 의미가 다르다(우노 고지, 『오사카大阪』)"고 말했다. 도쿄에서 로지는 단지 좁은 도로(통로)를 뜻하는 개념이다. 그렇다면 오사카에서는 어떤 의미로 쓰이고 있을까?

대로를 면해서 마치야*가 들어서면 블록의 중앙에 빈 땅이 생기고, 대로의 가옥과 가옥 사이에 통로를 내면 그 안쪽의 공지

* 마치야町家는 상업시설을 포함하고 있는 일본의 전통 민가를 가리키는 통칭이다.

에 우라나가야*를 세울 수 있다. 이때 로지는 통로와 통로에 면한 내부의 가옥까지 포함한 공간을 가리키는 호칭이 된다. 변형된 곳들도 적잖지만, 교토에는 아직 로지가 많이 남았다.

이 '통로+가옥=생활공간' 로지는 오사카 근대문학의 모티브가 되기도 했다. 우노는 소설 『주켄로지十軒路地』를 쓴 후 소설의 배경인 '주켄로지'를 방문하고 그 소회를 에세이로 남겼다. 우노의 오사카론에 큰 영향을 받은 오다 사쿠노스케織田作之助(1913~1947, 이하 오다사쿠) 또한 '로지'를 그린 작품을 여럿 남겼다.

오다사쿠의 대표작 「우리 마을わが町」에서 로지를 묘사한 부분을 살펴보자.

> 로지는 어이없을 정도로 많아서, 그 동네에만 칠, 팔십 곳 있을까.
> 대체로 가난한 동네다. 로지 안에 사는 가족이 대로에 사는 가족의 수보다 많다.
> '지조로지(地蔵路地)'는 ㄴ자로 이어진 팔십 채짜리 나가야長屋다.
> 일곱 채를 사이에 두고 ㄩ자로 이어진 오십 채 나가야는 에노키로지榎路地다.

* 우라나가야裏長屋는 뒷골목에 지어진 나가야長屋다. 나가야는 건물 한 동을 수평으로 여러 채의 집으로 나눈 목조 건물이다.

입구와 출구가 여섯 개인 나가야도 있다. 다노키狸裏라고 불린다. 한 채의 단층집에 네 가족이 함께 살아간다.

대중목욕탕 히노마루탕日の丸湯과 이발소 아사히켄朝日軒 사이, 로지의 막다른 곳, 이 비좁은 공지를 ㄩ자로 둘러싼 일곱 채짜리 나가야를 가타로로지河童路地라고 한다.(오다 사쿠노스케, 「우리 마을」)

그의 자전적 소설 『청춘의 역설青春の逆說』에서도 위와 비슷한 묘사들이 있다. 주목하고 싶은 부분은 로지의 실재 여부가 아니다. '~로지는… ~나가야다'라든지 '~나가야는… ~로지다'와 같은 '로지'와 '나가야'의 호환성에 관한 서술이 눈길을 끈다. 로지에 대한 오다사쿠의 풍경 서술은, '빠져나올 수 있을지 없을지'조차 알 수 없던 통로와 그 통로를 따라 늘어선 우라나가야를 일체화된 생활공간으로 파악하는 개념이 로지였다는 사실을 보여준다.

재현된 '로지'

쓰모리 하수처리장이 면한 기즈 강과 하루카스가 입지한 우에마치 대지 사이에 있는 공간의 역사지리를 떠올리면 하나의 추론이 가능하다. 구 제1 펌프실 상층부의 집합주택은 생활공간으로서의 '로지'를 옮겨온 게 아닐까?

즉 주택과 공동화장실과 공동욕실을 추상적으로 모델화한

하나의 공간 패키지가 바로 펌프실의 그 집합주택인 것이다. 건축 내부에 로지를 재현하려 시도했던 것 같다는 느낌을 지울 수 없다.

쓰모리 하수처리장 동쪽에 펼쳐진 시가지는 메이지 후기부터 다이쇼 전기에 걸쳐 실시된 경지정리사업으로 형성된 격자 형태의 토지 공간이다. 논두렁을 직선화하면서 생긴 폭 4m 미만의 좁은 가로망들이 한 변의 길이가 약 110m 이상이나 되는 정사각형의 큰 구획을 생성했다. 이런 공간은 시가지화 과정이 자연적으로 발생할 때, 필연적으로 각 블록 내부에 막다른 골목이나 좁은 길을 만들어낸다(미즈우치 도시오水内俊雄 외, 『모던 도시의 계보モダン都市の系譜』). '모든 사람이 가난한 동네'는 아니었지만, 주로 영세 공장 노동자나 일용직 노동자의 보금자리가 되는 로지(현 국도 26호부터)가 기즈 강 근방으로 넓게 펼쳐졌다.

그렇다. 펌프실 위층의 집합주택은 상술한 지리역사적 조건과 문맥 속에서 만들어진 로지를 이상적인 공간으로 추상화(그리고 고급화)해서 재현한 것이다.

2
공간 표상 '요코초'

호젠지法善寺 뒤의 먹자골목

요코초 또한 로지와 마찬가지로 근대 오사카를 표상하며, 그 쓰임새가 까다롭다.

예를 들어 눈앞에 있는 사전을 찾아보면 '요코초(よこちょう【横町】): 대로 옆으로 난 거리〔よこまち〕'라고만 설명되어 있어, 그 뜻이 '요코초(横丁)'와는 딱 들어맞지 않는다. 『다이겐카이大言海』 사전에서는 "'요코초(よこちょう, 요코차우ヨコチヤウ)" 요코마치よこまち와 같음'으로 뜻이 풀어져 있는데 여기서 요코마치는 '대로에 샛길로 난 거리. 요코초(ヨコチョウ). 요코마치(横街)'라고 설명한다. 예문은 『고쇼쿠이치다이오토코好色一代男』(1682)에서 발췌한 "대형 짐수레집의 검은 개가 위협할 때는 서쪽 요코초로 돌아가는 것도 재밌다"라는 문장이다.

위 내용을 보면, 요코초가 적어도 사이카쿠西鶴의 활동 시기인 17세기에도 사용되었던 단어라는 사실을 미루어 짐작할 수 있다. 하지만 이 역시 큰길에서 옆쪽으로 들어가는 공간적 성격을 설명하고 있을 뿐, 현재 일반적으로 사용되는 요코초의 함의와는 다르다. 이것만으로는 여전히 뭔가 부족하다.

그렇다면 근대 오사카에 등장한 도시 공간의 산책자/관찰자들의 도움을 빌려 호젠지 뒤편에 자리했던 먹자골목의 풍경을 살펴보자. 기타오 료노스케北尾鐐之助(1884~1970)는 쇼와 7년(1932)에 출판한 책 『근대 오사카』의 「센니치마에 유람기千日前逍遥記」에서 '호젠지 요코초'를 다음처럼 묘사한다.

> 4m도 되지 않는 좁은 골목길 양쪽 대부분이 음식점이다. 깔아 놓은 바닥돌은 항상 물에 젖어 빛난다. 그래서 이 골목길에서 살아가는 사람들은, 모두 발끝을 덮는 가죽 덮개가 달린 굽이 높은 게타를 신고 생생한 울림을 내며 움직인다.

기타오는 좁은 골목길인 호젠지 요코초를 식당가 내지 먹자골목으로 봤다. 오다 사쿠노스케는 기타오의 묘사에 영향을 받았다.

> ……이 호젠지에도 음식점은 있다. 아니, 있는 정도가 아니라 호젠지 전체가 식당이라 해도 과언이 아니다. 이곳은 속칭 호젠지 요코초라고 불린다. 세 명이 나란히 서서 걸을 수조차 없는 좁은 골목길 양쪽으로 음식점이 가득한데 그 속에 한에리* 가게가 홀로 있는 모습이 약간은 기묘하다. 이 골목길의 바닥돌은 연중 젖어 있기 때문에 사람들 대부분은 높은 굽의 게다를 신고 있다.

* 한에리半えり는 기모노 옷깃 위에 덧대는 장식용 깃이다.

오다사쿠는 수필 「오사카의 얼굴大阪の顔」에서 호젠지 요코초의 경관을 서술했다. 그 서술에는 그가 기타오에게 받은 영향이 뚜렷하게 드러난다. 수필 「오사카 발견大阪発見」에도 동일한 문장이 보인다. '속칭 호젠지 요코초라고 불리는 로지는 바로 먹자거리다. 세 명이 나란히 서서 걸을 수조차 없는 좁은 골목길 양쪽으로 음식점이 가득하다.'라는 문장에서 '요코초'를 사용한다. 오다사쿠 로지 문학의 출발점은 가타로로지라는 도시 하층의 생활세계뿐 아니라 호젠지 일대와 요코초 등의 미시적 상업 공간도 포함돼 있었다. 오다사쿠에게 호젠지 요코초는 '가장 오사카적인 곳'이자 '오사카의 얼굴'로 표상해야 할 장소였다.

'오사카적'이라는 건 무엇일까? 다이쇼 시대에 태어나서 쇼와 시대를 살았던 오다사쿠는 "'쇼와'에 들어서 '오사카의 전통적인 정서나 본질은 이미 희미해졌다.'"고 말했다. 여기에 힌트가 있다(「오사카론大阪論」). 쇼와 시대 이후 오사카라는 도시 공간에서 '전통적인 정취'를 느낄 수 있는 곳은 호젠지 일대 등의 로지 및 특정 음식점뿐이었다. 오다사쿠는 '요코초'를 '오사카 속의 고향'으로, 달리 표현하자면 향수(노스탤지어)를 환기하는 공간으로 재발견했다. 오다사쿠의 방랑시대 '쇼와'를 상징하는 도시 경관은 현란한 네온이 반짝이는 번화가(도톤보리), 그리고 넘쳐흐르는 상품들로 가득 찬 상점가(신사이바시스지)였다.—"도시에 넘실거리는 빛의 홍수에 질렸을 때 오사카인이 다시 돌아오는 곳은 호젠지다."(「오사카 발견」)

공간 패키지 '요코초'

오다 사쿠노스케는 쇼와 시대의 첨단이 달리는 현장인 번화가/상점가 구석에 파묻혀 있던 요코초에서 '다이쇼적'인 공간의 환시를 봤다. 회고/회상되는 공간을 향한 이런 시선은 어느새 현대 도시로 회귀한 듯하다. 이제 요코초스러운 공간은 마치 상품처럼 상업시설이나 지하도 여기저기에서 재편되는 중이다.

식당이 집적한 한큐 우메다역 북쪽 1층의 한큐 갓파 요코초阪急かっぱ横丁가 전형적인 사례다. 꾸불꾸불한 이곳의 여러 통로는 친근한 네이밍과 캐릭터와 식당으로 가득하다. 미로처럼 느껴지기도 한다. 하지만 항상 사람들이 북적거리는 이곳에서, 한적한 뒷골목의 초라한 분위기는 느껴지지 않는다. 한때 고서점들이 몰려 있어서 독특한 분위기를 자아내기도 했지만, 고서점들은 남쪽의 우메차코지 한큐고쇼노마치うめ茶小路 阪急古書のまち로 옮겨간 상태다.

비슷한 공간으로는 한큐 우메다역 일대의 우메차코지와 기노쿠니야 서점紀伊國屋書店 사이 공간의 서쪽에 있는 지조地蔵 요코초가 있다. 기타무키 지조손北向地蔵尊을 모시는 곳이다. 길의 너비를 좁히고 초칭*과 다운라이트로 빛을 내는 등 통로로서의 기능

* 초칭提灯은 각종 건물 앞에 달아 놓은 붉은 제등이다.

그림 0-7 다키미 골목

성을 최대한 억제했다. 이로써 대도시의 교통 결절점에 소재하리라고는 생각하기 힘든 공간을 성공적으로 연출하고 있다. 이 외에도 JR오사카역 서쪽 고가 밑의 우메산 코지梅三小路, JR신오사카역의 아지노 코지味の小路, 덴노지 아베치카あべちか의 아베노 요코초あべの横丁처럼 교통 시설(터미널)에 연접한 상업 건축에는 요코초를 본뜬 공간이 매우 많다.

복고적이면서 향수를 자극하는 공간이라면 우메다 스카이빌딩 지하의 다키미 코지滝見小路를 빠트릴 수 없다. 로지 안에 작은 사당을 만들거나 구 오요도구旧大淀区의 블록 표지판을 부착하는 등 다운라이트 계열 조명을 효과적으로 사용해서 옛날의 로지 공간을 이상적/위장적으로 재현하고 있다. 지리역사적인 문맥과는 분리된 경관을 문화상품 같은 공간으로 변환한 대표적 사례다(그림 0-7). 최근의 예로는 덴포잔 마켓 플레이스 내부에 만들어진 나니와 구이신보 요코초가 있다. 이곳의 선전 표어는 '쇼와 40년(1965) 전후의 건강한 오사카가 여기에!'다.

최신형 상업 시설에도 요코초를 본뜬 공간이 눈에 띈다. 아베노 재개발 지구에 등장한 큐즈타운キューズタウン의 'Via 아베노 Walk'는 기존 토지 소유자들을 위한 점포 구역을 따로 마련했다. 양식의 명가 그릴 마루요시와 과거 아베노스지 근처 로지에서 영업하던 유명 이자카야 메이지야明治屋 등이 입점한 상태다. 이곳은 쇼핑몰 내 기타 구역과 확실히 다른 벽지와 조명을 사용해 자신만의 독특한 분위기를 연출했다. 선술집 요코초 같은 공간을 구성한 것이다. 다만 보통의 로지와는 달리 길의 폭이 조금 넓다.

도시형 최신 쇼핑몰 아베노 큐즈타운의 재편된 레트로 공간, 복고를 전면에 내세운 약간은 부자연스러운 느낌의 일부(점포)는 확실히 위 장소들의 영향을 받았다.

기능 공간의 중심부에서 벗어난 통로나 길모퉁이, '○○요코초/◇◇골목' 등이라고 쓰인 입구, 복고를 연출한 음식점, 장소 기억을 상기시키는 제사祭祀 시설, 온갖 공력을 들인 장치들…… 이러한 각 요소의 조합을 통해 변주된 경관으로 재현된 요코초는 하나의 공간 패키지가 되어 상업 · 교통 시설의 모퉁이나 틈새에 끼워진다. 오다사쿠가 쇼와 시대 오사카 도시 공간에서 '다이쇼스러움'을 요코초로부터 발견한 것처럼, 21세기를 살아가는 우리들도 재현된 요코초에서 노스탤지어의 공간을 찾을 수 있을까?

실체를 넘어서

다시 오다 사쿠노스케의 요코초로 돌아가자. 호젠지 요코초 관련 서술 부분은 기타오의 흔적을 느낄 수 있다. 하지만 오다가 스스로 찾아낸 요코초인 간지로 요코초雁次郎横丁를 다룰 때 그의 서술은 더 뚜렷해진다. 조금 길지만 인용해보자.

> 간지로 요코초—이제는 흔적도 없이 모두 불타버렸다. 그래서 더 애착을 느낀다. 자세히 쓰고 싶은 마음이 생긴다. 간지로 요코초는 센니치마에 가부키자의 미나미요코南横를 서쪽으로 들어간 후 다섯 번째 혹은 여섯 번째 건물의 남쪽 당구장 옆으로 이어진 좁고 긴 로지다. 막다른 곳에서 오른쪽으로 꺾으면 호객꾼과 점쟁이와 초밥집으로 유명한 세이카精華 학교 뒷골목이 등장한다. 왼쪽으로 꺾어 구불구불한 길을 따라가면 난바에서 센니치마에로 이어지는 난카이도리南海通り의 만자이 코야漫才小屋 정문 앞에 다다른다. 복잡한 로지다. 이 로지가 왜 간지로 요코초라고 호칭하는지, 그리고 나리코마야成駒屋의 간지로와 무슨 관계가 있는지 나는 아직 모른다. 크고 빨간 초칭이 매달

린 초밥집과 덴푸라집과 복어 요릿집 사이에, 이미 잊힌 듯 존재감이 없는 격자무늬 창살의 가옥이 대뜸 보인다. 그리고 지장보살, 이나리稲荷의 촛불이 뿜어내는 은은한 불빛이 흔들거리는 정경도 곳곳에서 만날 수 있다. 과연 오사카 번화가에 있는 로지답다. 호젠지 요코초와 같은 요염한 화려함은 없지만, 어딘가 은근한 오사카의 정서가 어두침침함 속에 어지러이 뒤섞여 있어 간지로 요코초라는 명칭이 썩 어울린다. 호객꾼이 돌아다니며 취객의 소매를 잡아끄는 모습도 다른 로지에서는 만나기 힘든 풍경이다. 나는 이 요코초에서 요릿집 사이에 끼인 듯한 격자무늬 창살의 작은 집 앞을 지날 때마다 취객의 고함, 여자의 교성, 더러운 토사물과 노상 방뇨에 시달릴지라도 한 번쯤은 이런 집에 살아보고 싶다고 생각하곤 했다.

—「세상世相」

하지만 현시점, 공간 패키지 요코초에서 간지로 요코초처럼 음란하고 난잡한 분위기를 느끼긴 힘들다. 심지어 인가도 존재하지 않는다. 때때로 취객의 고성방가로 시끄럽긴 하지만 여자의 교성을 들을 일 역시 없다. 게다가 최근 민폐 방지 조례와 관련 규칙들이 점점 세밀해지는 추세이기 때문에 호객꾼들이 활보할 수 있는 여지도 줄어들고 있다. 물론 (토사물과 노상 방뇨 때문인지 알 수 없는) 시큼한 냄새도 나지 않는다.

이처럼 최근 많은 상업 공간 내부에는 재현을 통해 생성된

다양한 규모의 요코초가 존재한다. 하지만 화재 이후 특별 보전 사업이 시행된 호젠지 요코초를 제외하면, 시가지 내의 요코초나 로지는 점점 사라지고 있다. 쓰모리 하수처리장의 펌프실 상층부에 재현됐던 로지 공간도 마찬가지다. 목조 나가야를 부수고 주차장을 겸비한 단독 주택으로 신축하는 사회공간적인 지구 개발이 착실히 진행 중이다. 조만간 우노 고지나 오다 사쿠노스케가 묘사한 로지는 소멸할 확률이 높다.

요코초나 골목들은 이상화된 '~스러움' 같은 분위기 연출에 필요한 장치로서 수요와 소비의 대상이 되고야 말았다. 그 누구도 그들의 실재를 원하지 않는다. 이상이 실체를 초월했다.

책의 구성

오사카라고 하는 곳은, 얼마나 흥미로운 곳인가……

—하야시 후미코林芙美子, 『밥めし』

이 책은 10여 년간 오사카의 거리를 걸으면서 받은 느낌과 생각을 바탕으로, 현대 오사카를 특징짓는 '장소'와 '공간'에 대해 메이지 시대 이후의 역사성을 중심으로 서술했다.

프롤로그에서는 근대 오사카 근간을 이루는 특징적 공간인 요코초와 로지를 다뤘다. 도시라는 넓은 범위에서 요코초와 로지는 거주/상업과 관련한 미시 공간이다. 다음 장부터는 이러한 가로街路와 도시/도시권 같은 공간 스케일을 오가며 이 매력적인 공간의 단편을 모아 도시 오사카를 이야기할 것이다. 또한 전공인 인문지리학(에서도 도시사회지리학)적 관점으로 도시 사회와 도시 공간에 접근한다. 전공 관련 개념을 일일이 설명하지는 않았다. 하지만 이 책 전반에 인문지리학적 사유가 드리워져 있다는 사실을 미리 밝힌다. 그리고 프롤로그처럼 문학 속에 등장하는 장소 감각 및 공간 경험 관련 서술을 인용해서 장소와 공간을 고찰하려 했다. 이는 책이 추구하는 또 하나의 방향이다.

1장에서는 오사카 공간 구조 이해를 향한 첫걸음을 내디딘다. 구시가지 남쪽과 북쪽의 핵심, 도시의 두 핵인 우메다(기타)와 난바(미나미)를 다룬다. 두 번화가의 성립 과정은 유사하면서도 동시에 매우 대조적인 성격을 띤다. 또한 두 지역 모두 현대 오사카를 상징하는 공간이다. 이 두 핵심 지역을 특징짓는 게 바로 지하상가의 존재다. 지하에 파묻힌 공간의 기억을 소환해서 대안적인 오사카 도시지都市誌를 그려보려 한다(2장).

상업 도시 오사카에는 동업자들이 모여 사는 다양한 거리가 형성돼왔다. 예전부터 이어진 유명 동업자 거리에서부터 통칭 '아메무라アメ村'로 대표되는 새로운 상업 공간까지, 문인들의 장소 감각을 곁들여서 함께 탐방해보자(3장).

근대 시기 오사카의 임해 중공업 지대를 '갈대 지방'이라고 호칭한 사람은 시인 오노 도자부로小野十三郎(1903~1996)다. 4장의 제목은 오노의 장소 감각을 빌렸다. 또한 본문에서는 다루지 않았지만, 토지 활용 형태가 도시의 중심에서 외연으로 동심원형을 띠면서 구조화된다는 도시사회학의 이론을 염두에 두고 서술했다. 이 장에서는 근대 일본을 대표하는 도시 계획자 이시카와 에이요石川栄耀(1893~1955)의 독자적인 동심원 모델을 보완책으로 썼다. 유니버설 스튜디오 재팬 주변의 풍경도 달라질 것이다.

1993년의 첫 오사카 방문 이후 나는 오사카를 들를 때마다 미나미 지역을 빠트리지 않는다. 번화한 도톤보리 · 센니치마에에서 일용직 노동자의 거리인 가마카사키, 그리고 유곽 기능과 공간을 그대로 계승한 도비타신치까지. 뚜렷한 장소성이 스민 거리가 비늘처럼 겹치며 이어진다. 아무리 걸어도 질리지 않는다. 꽤 긴 여정이 될 것 같지만, 5장에서 펼쳐질 상상 속의 산책도 꼭 함께해주길 바란다. 또한 오노 도자부로의 발자취를 더듬는 마지막 장에서도 미나미의 일부는 다시 등장한다.

2018년 11월, 2025년 국제 만국박람회(이하 만박)의 오사카 개최가 결정됐다. 오사카만의 인공섬 유메시마夢洲가 대회장 예정지다. 6장에서는 이 유메시마의 과거를 탐색한다. 20세기 후반의 「오사카 1990」 같은 도시 행정부 공간 구상을 비판적으로 고찰할 것이다. 도시 정부가 추진하고 집행한 공간 계획 · 개발을 현대 오사카의 도시 역사에 비춰보면서 지금까지 다룬 거리의 이야기와 장소의 의미를 다른 형식으로 부각할 수 있으리라. 이 부분은 조금 건조하지만, 오사카를 공간적으로 해부하고 현재성을 측정하는 척도를 만드는 작업이라는 점을 양해해주길 바란다.

HANSHIN
阪神電車
梅田駅

1장

오사카 '미나미南/기타北' 고찰

다이아몬드 지구(2019년 1월, 촬영: 도부 아키코藤部明子)

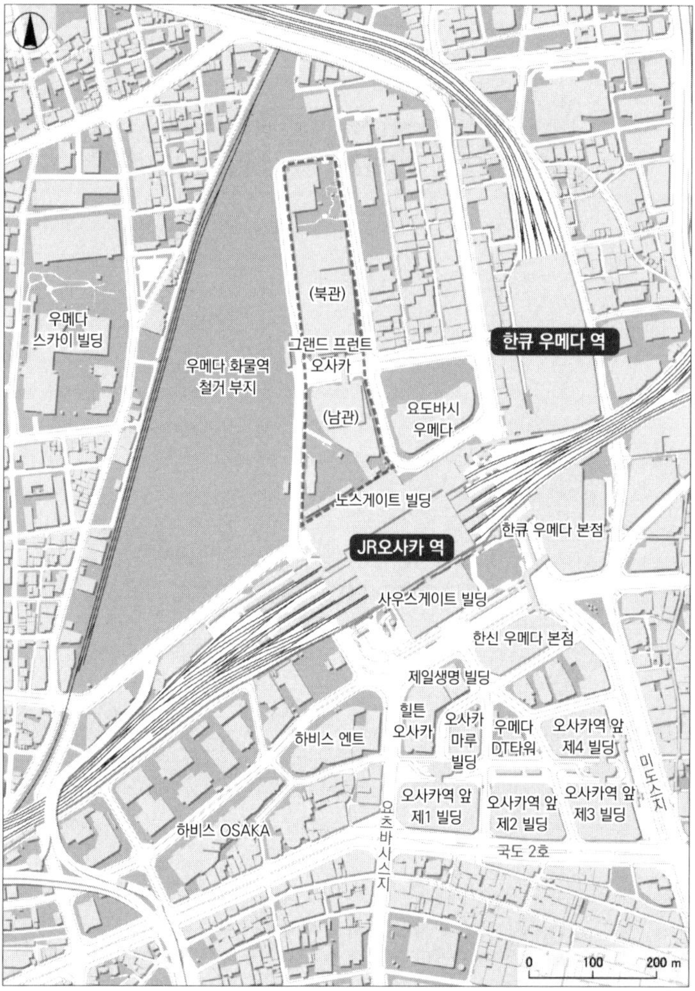

그림 1-1 우메다(작성: 모리타 고헤이森田耕平)

1
우메다의 도시 경관

역전 풍경

JR오사카역 중앙출구로 나와서 중앙홀 우측의 중앙-남쪽 출구로 향한다. 건물의 대부분이 역사와 일체화된 이 거대한 사우스게이트 빌딩의 통로를 빠져나간다. 바로 여기가 오사카역 앞의 교차점이다.

독일 사상가 발터 벤야민은 첫 모스크바 방문 후 말했다.

> 역 앞에서 모스크바의 거리는 이미 그 모습을 드러냈다. 키오스크, 아크 등, 가옥군이 한데 뭉쳐져 두 번 다시 회귀하지 않는 형상이 된다.
>
> —「모스크바」

오사카를 바라보며 벤야민의 모스크바 감상과 비슷한 이야기를 한 인물이 있다. 바로 미야모토 마타지宮本又次다. 그는 1960년대 초반 오사카에 도착해서 '오사카역에 도착하자마자 눈 앞에 펼쳐지는 기타*의 경관은 향후 오사카의 상징으로 계속해서 남게 되리라'라고 말했다(미야모토 마타지, 『기타キタ』).

* 난바를 중심으로 한 '미나미'와 더불어 오사카의 2대 중심지다. 중심은 우메다 지역이다.

그러나 지금의 오사카역 앞 거리는 그때와 다르다. 오사카역 앞에 서서 한참을 머물러도 거리의 형상(이미지)이 방문객의 마음속에 응축된 채로 구현되지 않는다. 역사와 그 주변을 빽빽하게 채운 고층 빌딩은 사람들이 하늘을 쳐다보는 것마저 잊게 한다. 공간을 가득 메운 건축물의 밀도 때문에 갑갑한 느낌을 받게 된다.

교차점의 맞은편 정면 안쪽 중앙에 우메다 DT타워가 있다. 이 건물을 제일생명 빌딩, 오사카 요시모토 빌딩에 입점해 있는 힐튼 오사카, 한큐한신 백화점의 한신 우메다 본점이 나란히 둘러쌌다(그림 1-1).

좌측(동쪽)으로 눈을 돌려보자. 한큐한신 백화점의 한큐 우메다 본점, 반대편 서쪽에는 극단 사계四季의 극장이 있는 복합상업시설 하비스 엔트(ENT), 그 뒤로 하비스 OSAKA의 더리츠칼튼 오사카가 보인다.

오사카역 앞의 교차점부터 지금까지, 지나온 곳을 되돌아보자. 다이마루 백화점 우메다 지점과 호텔 그란비아 오사카가 입점해 있는 사우스게이트 빌딩(예전 액티 오사카ACTY OSAKA)이 벽처럼 우뚝 서 있기 때문에 역 뒤쪽에 해당하는 북측을 전망할 수 없다. 그곳에는 사우스게이트와 쌍을 이루는 노스게이트 빌딩이 오사카역과 직결돼 있다. 이 노스게이트 빌딩은 서관 LUCUA 1100(루쿠아 이레/이세탄)과 동관 LUCUA가 일체형인 상업시설 LUCUA osaka를 수용했다.

오사카역을 사이에 두고 세워진 이 두 개의 대규모 건축물은 시내의 핵심적인 소비 공간이다. 이른바 오사카 스테이션 시티다.

일부러 역 뒤라고 했지만, 이제 이 표현은 실제 풍경을 형용하는 말이 아니게 될지도 모른다. 오사카역 뒤에 자리한 광대한 토지구획-우메다 화물역 철거 부지(통칭 '북 조차장' 또는 '우메기타')가 도심에 남겨진 마지막 알짜배기 땅으로 세간의 기대를 모았고, 이에 따라 대규모 재개발 계획이 시행 중이기 때문이다. 여기에 들어선 그랜드 프런트 오사카는 평면적이었던 기존의 토지 활용 방식을 훌륭하게 입체화하는 데 성공했다. 아직 공사가 시작되지 않은 서반부를 포함한 우메기타 지대는 그야말로 도시의 미개척지인 셈이다.

글로컬Glocal 우메다

JR선의 역 이름은 '오사카'다. 그러나 역 앞의 초町*가 우메다(1~3초메丁目**)로 명명되기 때문에 이 일대는 주로 '우메다'로 불리고 표기된다. 따라서 오사카역 주변의 철도역, 건물, 사업소는 우메다라는 지명을 많이 쓴다.

오사카역을 중심으로 한 우메다 일대의 특성은 상술한 것처럼 고층 건물이 대규모로 집적해 있다는 것이다. 전철 터미널과

* 시市를 구성하는 단위로 한국의 동에 해당한다.

** 한국의 가街에 해당한다.

연결된 한큐한신 백화점, 간사이를 근거지로 포목점에서부터 발전한 다이마루 백화점, 개업 당초 미츠코시 이세탄을 중심으로 발전한 루쿠아가 각각 200m도 되지 않은 거리를 사이에 두고 모여 있다. 도시의 랜드마크 역할을 하는 글로벌 체인의 고층 고급호텔도 도보권 내에 세 개나 역을 둘러싼 형태로 자리 잡았다(힐튼, 인터콘티넨탈, 더리츠칼튼). 저지대 습지를 메워 논으로 만든 작업(우메다埋田)에서 유래한 이 지역을, 오사카-고베를 잇는 철도 한신과 한큐(전신은 한신 급행)가 거점으로 삼았다. 한신과 한큐는 여기에 터미널과 백화점을 만들었다. 또한 도쿄에서 성장한 백화점(이세탄)과 신주쿠구의 옛 지명을 딴 가전양판점(요도바시 우메다), 그리고 글로벌 체인의 고급 호텔까지 우메다에 진출했다. 그야말로 '세계의 이웃, 미래의 입구'라는 무국적/무역사를 표방하는 '그랜드 프런트 오사카'의 등장이다.

현대 오사카의 현관 우메다를 물들이는 도시경관은 실로 로컬/글로벌한 것이다.

도쿄의 분위기

'지금 오사카가 도쿄에 대적할 만한 것은 무엇일까요?' 시정에서 물러난 하시모토 도루 전 시장에게 오사카 출신 탤런트 하마무라 준이 한 질문이다(『아사히신문』, 2016년 2월 4일).

오다 사쿠노스케는 '도쿄의 표준 문화 따위는 질색이다. 도쿄에 있는 3년 동안 정나미가 떨어져 버렸다'(「도쿄 문단에東京文壇

に与う」)고 말했다. 마찬가지로 오사카 출신인 소설가 후지사와 다케오藤沢桓夫(1904~1989)는 '오사카는 건재하다. 도쿄 따위는 개뿔도 아니다'(「오사카의 산책로大阪の散歩道」)라고 말하기도 했다.

유형과 정도의 차이가 있을 뿐, 오사카의 역사와 공간에는 제도帝都 · 수도 도쿄에 대한 대항 의식이 뚜렷이 각인돼 있다.

하지만 마찬가지로 오사카 출신인 소설가 구로이와 주고(1924~2003)는 오사카 속에서 도쿄를 발견하고는 이렇게 말했다. "우메다 일대는 오사카역 근처여서 그런지 어딘가 도쿄의 분위기가 풍긴다."(『막장 인생どぼらや人生』) 흥미로운 이야기다.

물론 이 한 문장만으로는 그 진의를 파악하기 어렵다. 조금 더 살펴보자. 구로이와는 오사카의 대표적 번화가로 우메다 · 난바 · 아베노, 이 세 곳을 열거한다. 그리고 위 인용문에 이어 우메다 일대를 '일류 바가 모여 있고, 먹는 것도 비싸다'라고 덧붙인 다음 우메다와 다른 지역을 비교했다.

> '우메다 일대'와 달리 미나미라 불리는 난바 일대는 가장 오사카적인 번화가다. 호젠지, 도톤보리, 센니치마에, 맘모스 카바레, 바 등도 우메다와 달리 서민적이다. 음식도 저렴하다.
> 마지막으로 아베노 일대는 (…) 여기는 훨씬 더 서민적인 거리다.

우메다 일대의 어디가 어떻게 도쿄적이라는 것인지는 뚜렷이 알기 힘들다. 하지만 난바가 '가장 오사카적'이라는 구로이와의 지적은 (지리학자 에드워드 렐프의 말을 빌리자면) 역으로 오사카에 있어서 가장 몰장소沒場所적인 번화가가 우메다 일대임을 시사하고 있다. 그가 이 일대를 '미나미(난바 일대)와 기타(우메다 일대)'로 대응해서 표기했다는 사실을 부연해둔다.

도쿄적/오사카적이라는 표현으로 대조되는 우메다와 난바, 즉 통칭 기타/미나미의 공간적 특색을 이해하는 작업이야말로 이 도시를 제대로 알기 위한 첫걸음이다.

2
역과 유곽

두 장의 사진

이 두 장의 사진은 쇼와 30년대(1955~1964)에 촬영된 것으로 추정된다(그림 1-2). 촬영한 사람은 가토 도키치加藤藤吉, 하나마치花街* 연구의 선구자라고 할 수 있는 인물이다. 쇼와 30년대 초반(1950년대 후반)에 『일본 하나마치지日本花街志』를 집필하고 『전국 하나마치 연맹 명부全国花街連盟名簿』 편집 등에 관여했다.

이 사진들은 그가 남긴 포토앨범의 각기 다른 페이지에 (네거

* 게이샤와 유녀가 모여 있는 지역이다.

그림 1-2 가토 도키치가 촬영한 도톤보리(위)와 기타신치(아래)

티브 필름이 분리된 한 장의 상태로) 실려 있다. 그는 일시와 장소를 기재하지 않았다. 다만 그의 다른 사진에 적힌 기록을 참고하면 쇼와 35~37년(1960~1962) 사이, 즉 1960년 전후에 촬영했을 것으로 추정된다.

낮의 풍경 한 장, 밤의 풍경 한 장. 그렇다면 이 거리는 도대체 어디일까? 네거티브 필름을 고해상도로 스캔해서 비춰본 점포 간판과 자동차 번호를 통해 특정해보니 첫째 사진(그림 위)은 오사카시 주오구中央区의 관광 명소 도톤보리, 둘째 사진(그림 아래)은 기타구에서 밤의 거리로 알려진 기타신치北新地, 즉 소네자키신치였다.

자세히 살펴보자. 위 사진에서 도톤보리의 야경은 아이아우바시相合橋 위에서 서쪽(다자에몬바시太左衛門橋 · 에비스바시戎橋 방면)으로 촬영됐다. 오른쪽에 그릴 로쿠반グリル六番, 다리 건너편 우측에 스키야키 가게 이로하いろは의 간판이 보인다. 다른 소네자키가 나온 사진은 1초메 1번지 나니와 신용금고 우메다 지점(현 아마가사키尼崎 신용금고) 앞에서 니시우메다 방면을 향한 구도로 찍었다.

가토 도키치가 두 개의 번화가, 도톤보리와 기타신치를 촬영한 후 굳이 네거티브 필름을 떼어내 앨범에 수록한 의도는 지금 알 수 없다. 다만 그가 하나마치 연구자인 점을 고려하자. 이 두 장소의 과거를 살펴봐야 할 이유다.

주변부의 유흥공간

오사카의 대표적인 관광 명소로 알려진 도톤보리 일대의 기원은 에도 시대 시바이마치芝居町*다. 호리 강堀川를 사이에 두고 남쪽과 북쪽이 발전했다. 남쪽은 극장과 시바이자야芝居茶屋**가 형성됐고 동시에 네 개의 유곽(구로에몬초九郎衛門町 · 야구라마치櫓町 · 사카마치坂町 · 난바신치難波新地)이 집중된 유흥 공간이었다. 북쪽의 소에몬초宗右衛門町 역시 근대 오사카를 대표하는 유곽 중 하나다. 이 다섯 개의 유곽을 총칭해서 난치고카가이南地五花街라고 부르기도 한다.

한편 메이지 전기에 발행된 가이드북 『오사카 명소안내大阪名所獨案内』(1882)는 소네자키신치 1~3초메 일대를 '북방의 유곽이다. 기타신치라고 부른다. 난치고카가이에 못지않은 번화가다'라고 소개했다. 이처럼 기타신치는 메이지 말기 대화재로 소실되기 전까지 유곽으로, 이후에는 예기藝妓만 활동한 순수한 하나마치로 발전해온 역사적 유곽이다.

오사카 최대 번화가 미나미와 기타. 이 두 지역의 중심지 도톤보리와 기타신치 역시 과거에는 유곽이 집결된 도시 주변부 유흥공간에 불과했다. 하나마치 연구가 가토 도키치의 시선은 도시 주변부 유곽에서 인파로 북적거리는 중심지로 변모한 두

* 극장이 소재하고 극장 관계자들이 사는 마을이다.

** 연극 대기 시간 동안 관객들에게 구경거리와 식사를 제공하는 편의 시설이다.

거리의 경관을 향하고 있었다.

역전 유곽

이 지역이 근세 도시의 주변(남변·북변)에서 근대 도시의 중심으로 공간적 반전을 할 수 있었던 이유는 철도 부설과 역(터미널)의 설치 덕분이다. 일본의 다른 도시들처럼 오사카 역시 도시(지역)를 연결하는 철도 부설과 이에 따른 역사 건설이 이뤄졌다.

노선 연결 형태에 따라 역사 부지는 기성 시가지를 크게 파괴하지 않으면서도 용지를 비교적 쉽게 확보할 수 있을 만한 주변부가 종종 선택됐다. 그러자 흥미로운—훗날 도시정치적 문맥에서는 우려할 만한—사태가 발생한다. 시 주변부에 위치했던 기존 유곽과 근대 도시의 현관인 철도역이 근접하게 된 것이다.

고베역과 옛 후쿠하라 유곽福原遊廓(고베시) 또는 난카이사카이南海堺역과 류진 유곽龍神遊廓(사카이시) 등이 대표적인 사례다. 메이지 시기 오사카에서는 '역+유곽'이라는 공간적 조합이 시가지의 북단과 남단에 각기 나타났다. 오사카-고베 간 철도 건설에 따라 메이지 7년(1874)에 개설한 오사카역(우메다 정차장)과 기타신치, 그리고 메이지 18년(1885)에 운영을 시작한 난카이난바南海難波역(정차장)과 난바신치다. 난바역과 중심 상점가인 신사이바시를 잇는 에비스바시스지戎橋筋*—보통 '바시스지橋すじ'라고 부른

* 오사카에서는 남북으로 뻗은 도로를 스지筋, 동서로 뻗은 도로를 도리通라고 부른다.

다—는 일종의 역전 상업 거리다. 지금도 여전히 오가는 쇼핑객과 관광객이 많은 번화가다. 그러나 쇼와 전전기의 에비스바시스지는 한 걸음만 옆으로 새면 모시모시야もしもし屋라고 불렸던 오차야*, 창기가 호객을 하는 기루가 즐비한 유곽 지대였다.

근대 시기의 철도망은 사람 · 물자 · 정보를 운반하는 미디어였다. 그 네트워크의 결절점 역할을 수행한 역은 도시 공간에 뚫린 근대의 입구다. 오사카의 경우, 역과 유곽이 우연히 근접하게 됐다. 이에 따라 근대 도시의 얼굴인 역과 그 주변 일대가 독특하게 발전했다. 기타신치와 난치의 유곽에 관련된 기억이 희미해진 지금도 미나미와 기타는 여전히 오사카의 중심이다. 그러나 '미나미/기타' 사이에는 결정적인 차이를 보이는 공간의 역사지리가 존재한다.

3
역 앞의 다이아몬드

형태인가 지가인가

오사카역 앞에는 '다이아몬드'라고 불리는 지구가 존재한다(그림 1-4). 살펴보자. 북쪽으로 JR오사카역 앞 부도府道, 서쪽으로

* 당시 오차야お茶屋는 예기를 불러 음식과 유흥을 제공하던 가게다.

요츠바시스지四つ橋筋, 남쪽으로 국도 2호, 동쪽으로 미도스지(우메다신도梅田新道). 이곳들이 둘러싼 일대를(약 11ha) 다이아몬드 지구라고 한다. 각 도로의 지하에는 한신 우메다역, 니시우메다역, 기타신치역, 히가시우메다역이 입지한 상태다. 이 지구의 지하 전체가 도시 교통의 거대한 결절점인 것이다.

지상으로 눈을 돌려보자. 한신 백화점 · 제일생명 빌딩 · 힐튼 오사카, 그 남쪽에 '우메다의 정중앙!'을 표방하는 오사카 마루 빌딩과 우메다 DT타워, 신한큐 빌딩(2019년 3월 현재 재건축 공사 중), 오사카역 앞 제1~제4 빌딩으로 밀도 높은 도시의 경관을 조성하고 있다. 각 건물의 지하가 복잡다단한 통로로 연결되는 이곳은 오사카 제일의 고밀도 입체형 업무지구다. '다이아몬드'라는 명칭의 유래를 두고 이 지구의 모습이 다이아몬드를 닮았기 때문이라는 주장과 마치 이 일대가 다이아몬드처럼 땅값이 비싸기 때문이라는 주장이 각축하는 중이다. 우메다 1초메라는 주소 범위 안에 해당하는 이 지역의 과거는 매우 흥미롭다.

찾을 수 없는 장소의 혼

위에서 근세 오사카의 시가지 북쪽 끝 소네자키신치를 다뤘다. 메이지 7년(1874) 운영을 시작한 우메다 정류장은, 오사카의 시 중심부가 아닌 시내에 인접한 시외인 소네자키무라曽根崎村에 위치하고 있었다(그림 1-3).

마이니치신문 기자 기타오 료노스케는 명저 『근대 오사카近

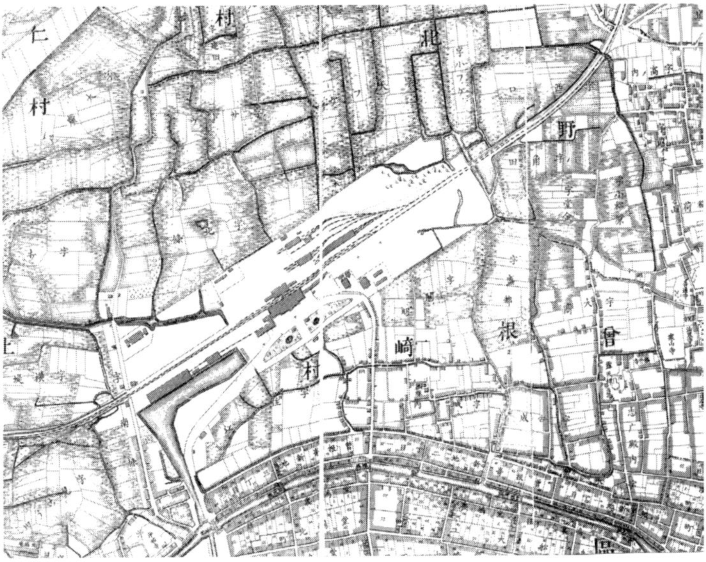

그림 1-3 소네자키무라의 정차장(1890년 지형도)

代大阪』(1932)에서 우메다의 지명에 대해 논했다. 그는 “원래 우메다는 구 소네자키무라의 소구역 세키메関目(関明), 스미노에住之江(住ノ江) 등의 논을 메워서 생긴 것이다. 그러니까 우메다埋田가 진짜다.”라고 말했다. 오사카역 근방에 위치한 ‘우메다 산마이梅田三昧’(=묘지의 명칭)가 지명의 유래이며, 우메다埋田가 보다 긍정적인 뜻을 가진 우메다梅田로 변했다는 주장이다. 지도를 보면 정차장 구내 서북부에 묘지 기호가 분포돼 있다.

여기서 역과 구시가지 사이에 펼쳐진 공지에 주목해보자. 지도를 보면 일부 주택 지대를 제외한 나머지는 논과 용도 불명의 토지다. 메이지 18년 개업한 난바 정차장은 당시 시가지화 작업

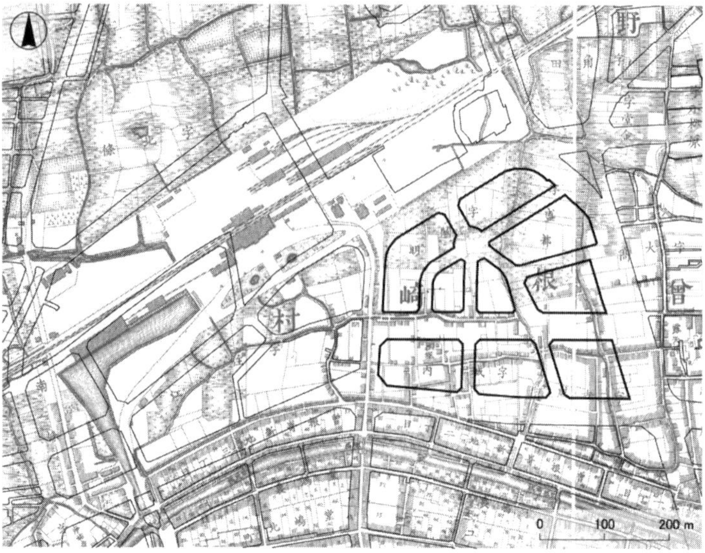

그림 1-4 현재의 다이아몬드 지구를 옛 지도에 겹쳐 보다.(작성: 모리타 고헤이)

중이던 난바신치고방초難波新地五番町와 인접한 곳에 설치됐었다. 우메다는 시가지에 세워진 난바 정차장과 달리 시외 변두리에 정차장을 만들었다.

자, 이 지도의 공지 부분에 약 백 년의 시간을 뛰어넘어 다이아몬드 지구와 그 주변의 블록들을 겹쳐 보자. 그렇다. 다이아몬드 지구는 물론 하비스 엔트를 포함한 주변 블록이 정류장과 소네자키신치 사이에 쏙 들어간다(그림 1-4).

메이지 초기 지도의 텅텅 빈 공간에는 강한 장소의 혼이 깃든 흔적을 찾기 힘들다. 토지 소유의 관점으로 보면 다른 이야기를 할 수 있겠지만 말이다. 장소의 혼이 없었기 때문에 다이아몬드 원석을 품게 된 것은 아닐까.

다만 다이아몬드의 등장까지는 이 토지와 관련한 에피소드 몇 개를 더 소개할 필요가 있을 듯하다.

마치 유곽 같은

우메다 정거장 앞에 펼쳐져 있던 토지는 큰 변화를 겪는다. 교통량 증가에 대응하기 위한 시설과 기능(여관 · 대합실 · 식당 · 인력거 등)이 집적하기 시작하면서 이 일대는 역전의 면모를 점점 갖춰갔다. 기존 오사카의 역사 공간과 단절돼 있었던 이 땅에 펼쳐진 당시 풍경은 현재 우메다와는 사뭇 달랐다.

『근대 오사카』에 묘사된 쇼와 초기의 역전 풍경을 참조해 보자.

> 오사카역 앞. 교통지옥을 피해 어디로든 뒷골목으로 걸음을 옮기자 간판으로 가득 차 있는, 마치 간판으로 만들어진 듯한 골목이 등장한다. 그을린 벽과 처마, 미닫이문, 세로 간판과 가로 간판이 어지러이 채워진 난잡한 풍경.
>
> 직업 알선소, 하숙집, 경양식 카페, 오뎅집, 여성 미용사, 단팥죽 가게, 시다시야* 등 오래된 옛날 그대로의 우메다 일대.

* 손님의 주문을 받아 요리나 도시락을 만들어서 배달하는 가게다.

절판된 하야시 후미코의 『밥』(1951)의 서두가 뇌리를 스친다. 오사카를 처음 방문한 젊은 여주인공 사토코는 '저기, 오사카 거리는 광고가 다닥다닥 붙어 있네'라고 중얼거린다. 물론 위 인용문보다 20년도 더 지난 뒷날의 오사카 거리 풍경이지만…….

『근대 오사카』로 다시 돌아오자. 이미 식당으로 포화 상태에 이른 역전 공간을 관찰하고 있다.

> 한신 전철에서 사쿠라바시桜橋까지, 약 109m의 거리에 서쪽으로 17채, 동쪽으로 15채, 합계 32채의 식당이 운영 중이다. 우메다=사쿠라바시=우메다 신도, 이 U자형 거리 안에는 대략 200채 정도의 카페, 식당, 여관이 있다.

눈치챘는가? 기타오가 관찰한 곳, 우메다-사쿠라바시-우메다 신도(미도스지)로 둘러싸인 U자형 공간이 바로 지금의 다이아몬드 지구다. 카페 중에 보탓쿠리ぼったくり(바가지 씌운다는 뜻의 오사카 방언) 가게가 많아서 늦은 밤 이곳을 지나갈 때는 '안전한 길을 어떻게 골라야 할지 고심'할 정도였다고 한다. '기타오는…… 그 일부는 마치 유곽과 같다'라고 탄식할 수밖에 없었다. 물론 당시에는 다이아몬드 지구의 편린은 그 무엇도 보이지 않았다. 유곽 같은 분위기의 거리, 오사카역 앞 다이아몬드 일대의 원풍경이다.

역전 공간의 변천

기타오 료노스케가 '마치 유곽 거리 같다고' 한탄한 U자형의 토지 범위는 현재의 다이아몬드 지구와 그대로 겹쳐진다. 근대 오사카 관찰자인 기타오를 우울하게 만들었던 오사카역 앞 일대는 이후 쇼와 시대를 거치면서 급변했다.

변화를 향한 첫 삽은 쇼와 10년(1935)부터 쇼와 15년(1940)까지 시공된 토지구획 정리사업이었다. 사업 범위는 현 다이아몬드 지구의 북반부다. 원래 계획은 남반부 일대 토지의 정지 작업까지 포함됐었지만 태평양 전쟁의 여파로 무산된 데다가 쇼와 20년(1945)에는 공습으로 일대가 초토화되기에 이른다.

패전과 동시에 역전 공지는 암시장으로 돌변했다. 훗날 '우메다 자유시장'이라 불렸던 이 암시장은 경찰의 단속에도 불구하고 확장됐다. 무허가로 토지를 점유한 판잣집 점포가 일상적인 풍경이 되고 말았다. 이렇게 우메다 역전은 특수한 상업공간으로 바뀌었다.

특히 쇼와 25년(1950) 초 섬유상(도매상) 30여 곳이 집단으로 정착해 온 일은 주목할 만하다. 그 이듬해가 되자 점포는 약 200곳에 달했고, 업자들은 우메다 섬유상 연합회를 결성했다. 1950년대 후반이 되자 점포는 약 600~700곳에 달할 정도로 그 규모가 불어났다. 미야모토 마타지는 "섬유거리에는 호르몬 구이 냄새가 공기에 섞여 떠돈다. '밥'이라고 쓰인 간판이 간간이 보이기도 한다"라고 적었다(『기타キタ』).

이러한 상황 속에서 전쟁으로 중단된 토지구획 정리를 재개해서 역전 공간을 재정비하기 위한 사업이 전개된다. 바로 쇼와 36년(1961) 시행된 시가지 개조법에 의거한 오사카 역전 시가지 개조사업이다. 시가지 개조법은 고도 경제 성장을 구가하던 시기에 도쿄 올림픽 개최를 염두에 두고 만들어졌다. 오사카에서는 오사카 역전 지구에 가장 먼저 집행됐다.

같은 해, (당시) 국철 오사카 순환선이 전부 개통했다. 이에 사철/지하철과의 환승역인 쓰루하시역은 결절성結節性을 높였고, 신오사카역 주변 토지구획 정리가 사업화됐다. 그리고 교외에 센리 뉴타운 조성을 시작한다. 상술한 일련의 변화를 고려하면, 이 시기가 바로 도시 내부를 넘어서 도시권 혹은 국토 공간 재편의 전환기라고 볼 수 있지 않을까.

철거 및 이전 관련 보상과 환지換地 문제 등으로 우여곡절이 있었지만, 도매업자들이 역 앞에 결집해서 '우메다 섬유거리'라고 불렀던 지역의 이전이 결정됐다. 이로써 북반부에 이어 슈퍼블록Superblock* 방식의 토지구획 정리가 끝났다(우메다 섬유거리는 신오사카역 근방에 건설된 신오사카 센이시티新大阪センイシティー로 이전해서 지금까지 운영 중이다).

* 도시계획 용어다. 일반 가구街区보다 큰 주택/상업 지구를 뜻한다. 지구 내 교통을 차단하고 인간의 보행권歩行圏을 기본으로 한다.

토지이용 고도화

다이아몬드 지구 북쪽 일대는 쇼와 전전기에 이미 토지구획정리사업을 완료했었다. 그래서 전후 부흥이 남쪽 시가지 개조사업보다 더 빨랐다. 대자본이 주도하는 토지이용의 고도화, 즉 고층 건축의 등장이 이 시기와 현상을 상징한다.

전후 최초로 세워진 고층 건물은 한큐 빌딩 인근의 항공 빌딩이다(쇼와 26년, 1951). 이어 당시 기준으로 일본 최고층인 지상 12층 · 지하 3층의 제일생명 빌딩이 쇼와 28년(1953)에 준공했다. 그리고 지상 9층 · 지하 3층의 우메다 빌딩(쇼와 30년, 1955), 지상 8층 · 지하 2층의 한신 백화점(쇼와 33년, 1958)—5년 후 지상 11층 · 지하 5층의 신관 병설—, 지상 12층 · 지하 5층의 신한큐 빌딩(쇼와 37년, 1962)이 속속 들어섰다. 이처럼 다이아몬드 지구의 고층화는 단숨에 이뤄졌다.

게다가 시가지 개조사업에 의한 역 앞 빌딩 건설도 착착 진행된다. 약 10년의 세월에 걸쳐 오사카역 앞 제1빌딩(쇼와 45년, 1970), 제2빌딩(쇼와 51년, 1976), 제3빌딩(쇼와 54년, 1979), 제4빌딩(쇼와 56년, 1981)이 준공했다.

쇼와 전전기부터 시작된, 고층건축에 적합한 부지를 조성하기 위한 토지구획정리는 반세기 이상의 세월이 흐른 뒤에야 비로소 실현됐다.

4
상극의 '미나미/기타'

미나미-방위에서 장소로

지금까지 오사카역(앞)을 중심으로 하는 기타에 대해 살폈다. 이제 시점을 미나미로 옮겨보자.

향토사의 대가 마키무라 시요牧村史陽(1898~1979)가 편찬한 『오사카어 사전大阪ことば事典』은 오사카 방언뿐 아니라 오사카의 지리와 역사를 공부할 때도 매우 유용하다. 이 책에서 '미나미'는 다음과 같이 설명되어 있다.

> 에도시대에는 도톤보리가 오사카의 최남단이었고, 그 일대 번화가를 미나미라고 불렀다. 메이지 초기 이후 센니치마에가 개발되고 메이지 17년(1884, 메이지 18년(1885)의 오기인 듯-저자) 난카이전철이 개통하면서, 난바역으로 통하는 에비스바시스지가 점차 번성했다. 현재는 이 일대부터 시마노우치島之内까지를 미나미라고 총칭한다.

에도시대까지는 난치고카가이를 포함한 도톤보리 주변을 '미나미'라고 불렀다. 그러나 메이지 초기 대규모의 묘지 재개발로 번화가 '센니치마에'가 만들어지고 난바역이 개통했다. 게다가 에비스바시스지가 발전하면서 미나미의 범위는 도톤보리 북쪽의 시마노우치까지를 포함하게 됐다.

여기서 주목하고 싶은 것은 미나미의 본뜻에 포함된 방향성이다. 마키무라는 '미나미에 갈까'라는 말을 예시로 들고 있다. 가령 오다사쿠 또한 "미나미라는 것은, 오사카인들이 종종 하는 말, '미나미에 간다'에서의 바로 그 미나미다. 신사이바시스지, 에비스바시스지, 도톤보리, 센니치마에 일대 모두가 포함된다."고 적었다(「신경神経」, 1946년).

'미나미에 간다'라는 특이한 표현은 미나미가 환락가의 범위를 뜻하는 장소명이 아니라 문자 그대로 이동의 방향선상에 놓였다는 사실을 알려준다. 근세 오사카의 도시 공간에서 시바이코야가 들어선 도톤보리는 시가지의 남단이었다. 시바이마치와 유곽으로 구성된 도톤보리 주변의 악소*에서 유흥을 즐긴다는 뜻은, 조카마치의 남쪽 주변부 쪽 공간으로 이동하는 것이었다. 이렇게 미나미라는 통칭은 유흥을 향한 방향성에서 파생돼 장소명으로 변전했을 확률이 높다.

이후 미나미는 상술한 오다사쿠의 정의에 부합한 지리적 범위를 가리키는 지명으로 정착한다. 방위와는 관계없는 특정한 지명이 된 셈이다. 현재 시 구역 남단의 스미요시구住吉区 등에서 이 일대로—공간적으로는 북쪽이지만—이동할 때도 '미나미에

* 악소悪所는 에도시대 일상생활공간과 격리되어 있던 유곽과 시바이마치 등을 가리키던 말이다. 주로 도시 주변부에 있었으며 지금은 거의 쓰이지 않는 단어다.

갈까'라고 말하게 된 것이다(『오사카어 사전』).

기시모토 스이후의 미나미 예찬

다시 오다사쿠를 인용해보자. 그는 쇼와 21년(1946)년 '신사이바시스지, 에비스바시스지, 도톤보리, 센니치마에 일대를 통틀어' 미나미로 부른다고 적었다. 이보다 앞서 근대 오사카의 미나미를, '난치南地는 소위 도톤보리, 센니치마에, 에비스바시스지의 총칭으로 신사이바시스지가 이에 연결됐다'고 지리적으로 규정하고 그 장소성을 예찬한 인물이 있다(오다사쿠는 저서에서 '난치' 뒤에 '미나미'로 후리가나를 달았다). 바로 다나베 세이코가 쓴 『도톤보리의 빗속에서 헤어진 이후道頓堀の雨に別れて以来なり』의 주인공, 센류* 작가 기시모토 스이후(1892~1965)다.

스이후는 게이한신京阪神 번화가(그리고 하나마치)를 대대적으로 소개한 가이드북 「게이한신 번화가 풍경京阪神盛り場風景」(『삼도 번화가 풍경三都盛り場風景』, 1932년)에서 자신이 주도한 지우산番傘 동인의 센류를 곳곳에 섞어가며 미나미에 대한 애착을 감추지 않았다.

* 센류川柳는 에도시대 중기에 성립된 운문 장르다. 하이카이俳諧와 똑같이 5·7·5의 17자로 된 짧은 정형시이지만, 하이카이에는 반드시 넣어야 할 계절을 나타내는 단어인 계어季語 등의 제약이 없고, 자유롭게 용어를 구사하여 사회의 모순이나 인정의 기미를 예리한 골계로 표현하는 서민문학이다.

나는 오사카가 일본에서 가장 좋은 곳이라고 생각한다. 오사카의 번화가 중 미나미南地[스이후는 난치라고 쓰고 미나미라고 후리가나를 달았다]가 가장 즐거운 곳. 스물두세 살 즈음에는 하루라도 미나미를 걷지 않으면 잠들 수 없을 정도였다. 그 무렵 나는 꼭 미나미에 살고 싶었다. 지금 그 이상이 실현됐다. 나는 오사카의 정취가 넘쳐흐르는 미나미의 활기찬 분위기 속에서 살고 있다.

그는 '오사카의 번화가라면 먼저 신사이바시스지, 에비스바시스지, 도톤보리, 센니치마에와 이어진 일곽에서 시작해야 한다'며 '이 거리들은 연결돼 있지만, 제각기 다른 색채를 띠고 있다'고 덧붙였다. 다이마루大丸와 소고そごう 같은 백화점이 입지한 상점가 신사이바시스지, 거기서 에비스바시를 건너 유곽(난바신치)을 빠져나와 난카이 난바역에 이르는 상점가 에비스바시스지, 극장 · 영화관이 나란히 들어서 있는 에도시기부터 발전한 유흥가 도톤보리, 그리고 묘지를 재개발해 탄생한 번화가 센니치마에까지, 제가끔의 개성을 가진 번화가들이 연접했다. 미나미의 매력은 공간적으로 분화한 각 장소의 이질성에서 뿜어져 나왔다. '다리 하나, 길 하나 넘어가면 세계는 금세 일변한다.'(『근대 오사카』) 그것이 미나미였다.

두 개의 〈얼굴〉

서양화 화가 나베 가쓰유키(1888~1969)는 스이후와 거의 동시대를 살았던 인물이다. 내가 아는 한 그만큼 오사카의 미나미/기타를 적확하게 관찰·기록한 사람은 없다. 그의 수필을 실마리 삼아서 전통적 번화가인 미나미와의 대조를 통해 기타의 특색을 살펴보자.

> 도톤보리와 센니치마에 일대를 미나미라고 부른다. 나니와浪速 문화가 빛났던 무렵, 미나미는 오사카라는 몸의 얼굴이었고 호젠지는 바로 그 얼굴의 상징이었다. 이 얼굴은 지적인 모습과는 너무나 멀었다. 그래서 지금 또 하나의 새로운 얼굴을 기타에 만드는 중이다. 하지만 미나미가 번영하는 모습은 여전히 날마다 눈부시다.

위 인용문은 나베가 쇼와 27년(1952)에 쓴 에세이「오사카의 얼굴 '미나미'大阪の顔『南』」에서 발췌한 것이다. 오사다쿠 또한 호젠지 일대를 '오사카의 얼굴'이라고 부른 적이 있다(「오사카 발견」, 1940년). 신체를 메타포로 삼아 도시를 공간적으로 분절해 서술한 점이 흥미롭다. 여기서 주목하고 싶은 건 전후 십 년이 채 지나지 않았을 때부터 형성되기 시작한 오사카의 새로운 얼굴, 바로 기타다.

나베는 미나미가 지적이지 않기 때문에 기타가 탄생했다고 썼다. 이는 기타는 지적이었다는 사실을 시사한다. 무슨 뜻일까?

인텔리의 기타

스이후 및 나베와 동시대인인 후지사와 다케오藤沢桓夫 또한 변모하는 오사카의 모습에 놀라면서 기타의 발흥을 묘사했다.

> ……누추한 암시장이었던 이곳에 큰 빌딩이 연달아 들어섰다. 그러자 식당과 술집도 무수히 늘어났다. 우메다 일대부터 아사히 빌딩, 그랜드호텔 등이 있는 도지마 강堂島川 일대가 한없이 넓은 빌딩가로 변모했다. 고속도로가 지나가고 큰 지하상가가 생겼다. 온종일 인산인해다. 메이저 신문사와 큰 회사들이 너나 할 것 없이 여기로 모인다. 이렇게 '오사카의 지적 중심'이라는 별칭을 얻게 되는 오사카 제일의 번화가가 출현했다. 과거 남쪽이었던 오사카의 중심이 이제는 완전히 북쪽으로 이동한 느낌이다.
>
> —「오사카의 산책도大阪の散歩道」, 1966년

후지사와의 수필에는 기타의 변화와 특징에 관련한 키워드가 잘 정리돼 있다. 우후죽순 생겨나는 음식점, 고층·대규모화하는 빌딩, 고속도로의 개통과 지하상가의 탄생으로 볼 수 있는 공간 이용의 입체화, 그리고 신문사·대기업이 집적하는 현상까지 말이다.

나베는 다른 글에서 '기타가 신흥 문화 지역으로 자리매김한 것은 인텔리 계층이 많기 때문인 듯하다. 특히 신문사가 이 일대에 모여 있는 게 가장 큰 이유일 것이다'(『오사카 번성기大阪繁盛記』)라고 적었다. 이처럼 문화홀 등을 병설한 신아사히 빌딩, 마이니치 회관, 산케이 회관 등이 우메다에서 나카노시마에 걸쳐 집중했다. '지知'의 공간을 형성한 셈이다. 인텔리 공간이라는 기타의 특색은 자연스럽게 옛 유흥가에도 영향을 미쳤다. 나베의 관찰 기록과 비슷한 시기에 간행된 『기타구세대감北区勢大鑑』(1953년판)에 식당과 환락가를 소개하는 광고 기사가 있다. 이를 참조하면, 미나미의 추종을 불허할 정도로 발전한 소네자키 환락가에 의해 '오사카라면 미나미'로 통하던 유흥가의 판도가 완전히 바뀌었다. 당시 소네자키 환락가를 구성하는 업종과 규모를 살펴보자. 요정 170개, 게이샤 소개소 4개, 마치아이待合* 43개, 일본 요릿집 18개, 바 · 스탠드 51개, 카페 · 카바레 45개. 엄청난 규모다. 하나마치의 성격도 여전히 남아 있었지만, 카페와 카바레로 대표되는 물장사(음식계 풍속영업)의 집적을 통한 네온거리화가 빠르게 진행됐다.

다만 네온거리화는 기타만의 특징은 아니다. 대형 카바레가 진출한 소에몬초를 중심으로 하는 미나미도 상황은 비슷했을 것이다. 여기서도 요점은 인텔리다. '오사카를 안다면 소네자키 신

* 예기를 불러 유흥을 즐기는 장소다.

치와 (…) 방문자에게도 오사카인에게도 사랑받고 있는 소네자키 신치는, 미나미의 소에몬초와 달리 지식인 팬을 많이 확보했다는 점이 특필할 일'이라는 기록처럼, 북쪽과 남쪽의 주요 고객은 직종과 계급이 뚜렷하게 달랐다.

'……오래전부터 기타노신치는 난치고카가이라고 불린 난치에 밀리고 있었다. 신마치, 호리에 등과 함께 미나미를 오사카의 앞이라고 한다면, 기타노신치는 뒤쪽의 하나마치였다.'(『오사카 번성기』) 현재 기타신치와 난치의 입장은 이미 역전됐으니 앞과 뒤가 뒤바뀐 셈이다.

그렇다. 오사카의 중심은, 미나미에서 기타로 완전히 이동해 버렸다. 이것이 바로 전전부터 미나미/기타를 주목했던 자들이 받은 실감이었다.

미야모토 마타지의 기타 예찬

전전/전후라는 차이가 있지만, 기시모토 스이후와 반대로 기타를 예찬한 인물이 있다. 오사카에 관한 다수의 저작을 남긴 경제사 연구자 미야모토 마타지宮本又次(1907~1991)다.

그는 '미나미도 오사카의 얼굴'이라면서도 오사카의 얼굴을 딱 하나만 고르라고 한다면 그건 단연 기타라고 말했다. 그는 구로이와 주고와 마찬가지로 기타가 도쿄처럼 변하고 있다는 사실을 인정하면서도, 동시에 기타의 특색을 다음처럼 설명한다.

기타는 역시 오사카다. 또한 오사카의 얼굴 중 으뜸이다. 오사카의 현관문, 오사카의 대문. 오래된 역사, 제대로 된 내력. 그러면서도 항상 새롭고 신선하다. 비연속적인 연속. 변한 듯 변하지 않고, 변하지 않는 듯하면서도 또렷하게 변하는 게 바로 기타다.

—『기타』

기타를 이 정도로 격찬한 문장은 찾기 힘들 듯하다. 구로이와처럼 기타의 어디가 어떻게 도쿄적이라는 건지는 불분명하다. 다만 미야모토는 '그것은 지극히 오사카적이면서도 매우 오사카적이지 않은 것을 포함'하는 혼합문화의 공간이라고도 말한다. 또 그는 기타에는 '이른바 식민지적인, 또는 신개척지 같은 분위기도 짙게 흐르고 있다'고 지적했다. 프랑스 철학자 앙리 르페브르의 '새로운 도시에는 어딘가 식민지 도시를 떠올리게 하는 구석이 있다'(『'5월 혁명'론'五月革命'論』)라는 문장이 떠오른다.

미야모토는 '기타에서는 대체로 뭔가 산뜻한, 말하자면 토착적이지 않은 기운이 느껴진다'고 지적하는데, 이 표현은 어쩌면 장소의 혼*이 부재해서 등장한 게 아닐까라는 생각이 든다.

* 슐츠N.Schulz는 모든 장소에 영혼이 존재한다고 주장했다. 특정한 공간의 특징과 관련한 전설이나 지명의 유래 등에서 감지되는 장소의 본질을 뜻한다.

경쟁에서 협동으로

대작 『기타』에서 인상적인 말들을 더 찾아낼 수 있지만, 결국 핵심은 '오사카라고 하는 도시의 퀼른(핵심), 그것은 기타뿐이다'라는 미야모토의 주장이다. 그에 따르면 기타의 공간 형성사에 가장 중요한 동인은 한신 · 한큐, 이 두 전철회사의 경쟁 관계였다.

메이지 38년(1905) 한신전철은 오사카(데이리바시出入橋)와 고베, 이 두 도시를 연결했다. 메이지 43년(1910) 한큐전철(당시 미노아리마 전기궤도箕面有馬電気軌道, 이후 게이한신 급행전철京阪神急行電鉄)은 교외 전차로 다카라즈카宝塚 · 미노선箕面線을 개통한다. 이 두 회사는 오사카역을 사이에 두고 각자 자회사의 터미널을 세웠다. 그리고 터미널과 바로 이어지는 백화점을 개업했다. 이렇게 오사카의 얼굴이 만들어졌다.

우메다 정차장과 한신 · 한큐라는 사철의 터미널 설치로 원래 소네자키 신치의 하나마치를 의미했던 기타의 범위가 북쪽으로 크게 넓어졌다. 그리고 한큐 전철 사장 고바야시 이치조는 오락 시설을 중심으로 한 역세권 개발에 나섰다. 이렇게 터미널 · 백화점 · 사업소 · 오락 시설 등이 일체가 된 공간 기반, 즉 훗날 한큐무라阪急村로 불리는 곳이 탄생했다.

쇼와 30년(1955)에 재건된 OS극장과 그 이듬해 완성된 우메다코마 극장은 전후 오락 문화의 중심이 됐고, 이 일대로 극장 · 영화관이 모여들었다. 이렇게 그동안 번화가를 대표하던 미나미의 명성을 차차 잠식해갔다.

미야모토는 다이한신 빌딩과 신한큐 빌딩이 나란히 서 있는 우메다 1초메 북동쪽 모퉁이를 바라봤다. 그리고는 그곳에서 벌어지던 한신 · 한큐의 철도 교통 경쟁과 토지경영 부문의 대립이 '장엄하고 우아하게 구체화되면서 경합하는' 모습을 포착해냈다. 명징한 경관 해석이다.

역세권 개발에 적극적인 한큐와 한큐에 정면으로 부딪치며 대항한 한신. 이 두 회사의 관계가 기타 경관 형성의 동인이라는 게 바로 미야모토 마타지의 견해다.

세월이 흘렀다. 헤이세이 7년(2005), 무라카미 펀드가 주도한 한신 그룹 주식 대량 매수를 발단으로 한큐가 한신을 합병한다. 모두가 알다시피, 우메다를 무대로 펼쳐지던 경쟁이 협력으로 바뀌었다.

5
내일을 꿈꾸는 기타, 어제를 회상하는 미나미

장소의 이력-유곽 · 물가 · 화재 · 역

기타와 미나미 모두 근세 오사카의 도시 주변부에 형성된 유흥 공간에서 발전한 번화가다. 원래 기타는 기타신치(소네자키 신치)를, 미나미는 도톤보리와 난치고카가이를 지칭하는 단어였다. 그러나 현재 기타와 미나미 모두 커지는 추세다(3장 참조).

미나미 중심에는 도톤보리 강이 흐르고 있다. 한편, 소네자키 신치의 남쪽에도 과거 도지마 강의 지류인 시지미 강蜆川이 있었다. 미나미와 기타 모두 물가에서 생겨난 것이다. 시지미 강은 메이지 42년(1909) 7월에 발생한 기타 대화재 이후 매립되면서 흔적도 없이 사라졌다.

이 대규모 화재로 소네자키 유곽을 포함한 주변 일대가 소실됐다. 따라서 유곽 폐지 및 이전이 논의됐지만, 결과적으로는 게이샤 중심의 순수한 하나마치로 존속한다. 미나미/기타는 물가라는 지리적 공통점뿐 아니라 화재 여부에도 쌍을 이룬다. 메이지 45년(1912) 1월, 난바신치에서 센니치마에 일대를 잿더미로 만든 미나미 대화재가 발생했다. 메이지 말년에 일어난 이 두 번의 대화재는 도로의 부설 · 확장이나 시설 이전, 나아가 유곽의 폐지 · 이전 등 미나미/기타의 건조 환경을 크게 바꿨다.

이렇게 보면 미나미/기타는 장소성뿐만 아니라 겪은 역사적 사건도 유사하다는 사실을 알아차릴 수 있다. 메이지 전기의 오사카 · 난바와 메이지 후기의 한신 · 한큐의 우메다. 두 지역의 정차장 · 역은 설치 시점이 제각각 다르고 그 시차 역시 크다. 하지만 이 시설들로 인해 공간적인 중심성이 높아져서 현재의 미나미와 기타가 형성됐다는 사실은 분명하다.

하지만 상술한 것처럼 두 번화가는 결정적인 공간적 차이가 존재한다. 기타가 구시가지의 교외에 새로 조성된 개발지구를 중심으로 형성됐다면, 미나미는 도톤보리, 난치고카가이, 그리고 메이지 초기 재개발된 센니치마에 등의 옛 번화가에 착근한 상태로 발전했다. 이 차이가 오사카적(토착적)/도쿄적으로 비교·대조되는 '미나미/기타'의 공간성에 큰 영향을 미친 것이다.

나베 가쓰유키의 예감

후지사와 다카오의 지적처럼 누추한 암시장에서 오사카 제일의 번화가로 성장한 기타의 위상이 확실하게 인식된 시기는 전후 부흥에서 고도 경제성장기 무렵이다. 전후 도시 성립에 관한 중요한 시각을 제시한 서적 중 하나인 『번화가는 암시장에서 생겨났다盛り場はヤミ市から生まれた』가 최근 출판됐다. 이미 살핀 것처럼, 기타의 형성 과정에서 암시장의 존재를 무시할 수 없다. 화재로 폐허가 된 공터에 조성된 암시장에서도 기타의 미래를 점쳐본 사람이 있었다. 바로 나베 가쓰유키이다.

쇼와 21년(1946)의 가을, 그는 기타오 료노스케의 의뢰로 화재터를 기록하고 다니며 몇 장의 전쟁 재난 거리 경관 스케치를 남겼다(『오사카 번성기』에 수록). 쇼와 22년(1947) 1월에 발표된 수필 「게이한 신번창기京阪·新繁昌記」는 당시 이곳에 대한 일반의 감상으로 생각해도 무방하다. 나베는 다음과 같이 기록했다.

한신 빌딩 뒤편의 공지에 서서 우메다 신도梅田新道 방향을 바라보다가 신선하고 발랄한 도시풍경을 발견했다. 낡은 일본 가옥은 불타버린 채, 남아 있는 고층 빌딩만이 역광에 반회색으로 빛난다. 가로수의 꽃잎이 흩뿌려진 인도, 아침햇살을 향해 빠른 걸음으로 나아가는 군중의 움직임, 이 모두가 풍경에 기묘한 아름다움을 더하고 있다. (…) 부흥으로, 부흥으로 불타오르는 분위기에서 공기까지 동요하고 있는 듯하다. **무엇인가가 일어나고, 무엇인가가 생겨나고 있다는 어떤 예감이 든다.**

무엇인가가 일어나고, 무엇인가가 생겨나고 있다—나베가 예감한 것은 새로운 기타의 탄생이 아니었을까?

사실 그는 '전전부터 오사카의 번화가는 남쪽 끝(아베노바시)과 북쪽 끝(우메다)으로 이동하는 경향을 보인다'고 회상한 바 있다. 그리고 '그 양상이 지금은 더 분명해지고 있다는 사실을 실감한다'(「게이한 신번창기」)고 적었다. 이 실감은 그가 아베노의 가두(암시장)에서 예기치 못한 이상한 풍경을 목격한 이후 생긴 것이다.

이 길거리에서는, 조리 · 판매되는 프라이 만주(당시 유행한 도넛 같은 간식) 같은 음식뿐만 아니라 상인들의 언어까지 대륙화되고 있었다. 암시장의 주체에는 재류 중국 · 대만 · 조선 출신, 그리고 대륙에서 돌아온 일본인 귀환자도 다수 포함됐다. 당연히, 신용에 기반하는 옛 오사카 상법 등은 통용되지 않았다.

나베는 대륙화된 자유시장의 존재에 '몸이 조이는 자극을 받고 가슴이 두근두근하는' 상태였다고 말한다(「게이한 신번창기」).

내일의 꿈, 어제의 꿈

위 서술로부터 반년도 지나지 않았을 무렵, 그는 이 문제에 대한 결론을 내렸다. '오사카의 번화가는 이제 남북에 각각 설치된 두 개의 터미널로 대표되어버렸다'는 것이다(이하 인용되는 나베 글의 출처는 쇼와 22년(1947) 6월에 출간된 「터미널 남북 번화가ターミナル南北盛り場」, 1947년 6월). 그의 눈은 다시 미나미로 향했고, 아베노는 일단 그의 시야에서 사라진다.

나베는 '미나미의 난바, 이곳은 지식 계급 사이에서는 적잖은 홀대를 받는다. 하지만 오사카 대중들은 하루라도 난바에 가지 않으면 오사카에 사는 기분이 들지 않는다고 여긴다. 난바가 일상에 이 정도로 스며들어 있다'고 썼다. 또 '오사카적이라는 것'의 일면에는 난바적인 뭔가가 더해졌다고 생각된다'고 지적했다. '미나미라고 불리는 난바 일대는 가장 오사카적인 번화가다'라고 한 구로이와 주고 역시 이런 생각을 하는 사람들의 계보에 속한다.

여기서 오사카가 부흥하더라도 난바가 주역을 양보하는 일은 없을 것이라던 나베의 예언이 눈에 들어온다. 모든 것이 초토화된 상황에서 재기하려던 오사카 사람들은 '난바 난바로 밀어닥쳤고, 에비스바시스지에서 신사이바시스지로…… 줄줄이 왕래'했다. 이미 모든 것이 잿더미로 변했다는 사실을 머리로는 이해하면서도, 마치 '아직 남은 옛꿈'을 쫓듯이.

나베는 말한다. 사람들은 '이 꿈이 곧 부흥이라는 현실이 되어, 살아 있는 눈으로 바라볼 수 있을' 때가 오리라는 희망을 품고 있다고 말이다.

한편 종전 후, 우메다 일대의 공간성은 빠르게 전환됐다. 마치 새로운 시대로 진입하는 듯한 변화였다. 이 시기 우메다 일대는 이국적인 정서가 감돌면서 신흥 문화의 공기가 점차 농후해졌다. 그리고 이때 나베의 시선은, 힘차게 부흥으로 향하는 방향성을 공유하면서도 너무나 대조적인 미나미/기타의 장소성에 닿아 있었다.

'옛날을 지금으로 되돌리려 하는 것이 난바라면, 내일의 꿈을 지금 실현하려 하는 것이 우메다다. 우메다에 옛날 꿈이 머물 자리는 없다'(「터미널 남북 번화가」). 현대 도시 오사카의 공간 구조는 아직도 이 한마디의 연장선상에 놓여 있다.

2장

미로, 지하상가

지하상가 화이티whity 우메다의 샘의 광장泉の広場(2019년 1월, 촬영: 도부 아키코)

기타는 지하와 한 덩어리다. 지하를 빼놓고 기타를 말할 수 없다.

—미야모토 마타지, 『기타』

인근 빌딩의 지하와 낡은 지하도에서 영업하던 상점들이 합쳐져 거대한 지하상가로 확장됐다. 토지를 입체적으로 이용하며 무수한 연관 효과를 발생시킨 이 지하상가는 오사카인이 낳은 걸작 중 하나라고 말해도 무방하다.

—아사히신문사 사회부 편,
『오사카 · 지금과 옛날大阪·いまとむかし』

이 정도로 거대해진 지하 공간은, 고립된 지하상가와 빌딩의 지하층, 그리고 터미널의 통로가 연결되는 그 무엇 이상이다. 하나의 지하도시라고 생각된다.

—호리 아키라堀晃, 「우메다 지하 오디세이梅田地下オデッセイ」

JR 오사카역 앞에는 또 하나의 도시가 존재한다. 바로 다공성多孔性의 거대한 공간, '지하상가'다.

1

우메다의 이질적 공간

뒷거리를 걷다

쇼와 30년(1955) 발행된 관광 안내지 『오사카 가이드大阪ガイド』에 「오사카의 뒷골목 기타를 거닐다大阪の裏町 北を歩く」라는 코너가 수록돼 있다. 당시 오사카를 방문하는 관광객은 오사카성, 나카노시마, 그리고 신사이바시스지 · 도톤보리 · 센니치마에 등의 장소를 많이 방문했다. 이곳들이 위치한 미나미가 오사카의 대세였던 시절이다. 이때 비주류 스타일의 가이드북이었던 『오사카 가이드』는 '도시의 표면뿐 아니라, 도시를 더 깊이 파고들어 오사카의 실체를 파악할 수 있는 책'이라고 자신을 광고하며 독자를 유혹했다. 그들은 즐겁게 걷고 볼 수 있는 것은 '황혼에서 밤까지의 번화가, 무엇보다 번화가의 뒷거리'라는 광고 표어를 반복하면서 독자를 뒷골목으로 꾀어낸다.

기타의 번화가를 말할 때면, 곧장 한큐의 오락 · 상업 시설이 모여 있는 차야마치茶屋町 등을 떠올린다. 거기에 오하츠텐진お初天神의 식당가나 밤의 환락가 기타신치北新地도 포함할 수 있다. 하지만 뒷거리라고 한다면, 신미도스지 동쪽으로 건너 도야마에서 다이유지太融寺까지를 가리킨다. 이곳에는 성적 서비스를 동반한 풍속영업점이나 러브호텔이 퍼져 있어 어둠의 장막이 내릴 무렵이면 음란한 분위기가 물씬 풍긴다.

전쟁이 끝나고 10년이 지났을 무렵, 지금으로부터 60년도 더 전에 발행된 관광 안내서지 『오사카 가이드』는 독자들의 눈을 우메다 주변부까지 향하게 하지는 않았다. 안내지에서 가장 먼저 소개한 곳은, 오사카의 현관이라 할 수 있는 국철 오사카역(당시 JR은 국철이었다)의 지척에 있으면서도 걸음을 옮기기는 다소 주저하게 됐던 지하 세계 '미로 우메다 지하상가'다. 여기서 지하상가가 원래 뒷거리였던가 하는 의문도 생기긴 한다.

당시 지하상가는 오사카 역전에만 있었다. 또한 지하상가는 지상의 풍경에 비해 꽤 '뒷거리' 같은 공간이었으리라 추측된다. 행인들 사이에 섞여 있지만 무언가 자유를 갈망하던 아가씨들이 오가는 곳이었고, 집이 없는 사람들의 임시 숙소이기도 했다. 이렇듯 지하상가는 지상의 대로와는 다른 결의 활력이 있었다.

지하상가의 원풍경

『오사카 가이드』가 기타의 뒷골목을 걷는 출발점으로 제시한 지하 미로의 당시 모습을, 비슷한 시기 발행된 『아사히 사진북37 오사카アサヒ写真ブック37 大阪』(1956)에 수록된 〈우메다 지하상가梅田地下街〉란 사진을 통해 엿볼 수 있다.

책을 펼치면 좌우 양쪽의 위에 파노라마 사진이 보인다. 이 사진에는 지하철 다니마치선谷町線부터 우메다 신도로의 통로를 지나 한신 백화점 지하층에 닿는 길이 찍혀 있다. 파노라마 사진의 하단 오른쪽에 1장, 왼쪽에 4장이다. 사진마다 각각 설명이

그림 2-1 '마쓰바松葉' 앞의 계단

기재됐다.

오른쪽 페이지 하단에는 계단의 어귀에 자리한 선술집의 사진이 대판 사이즈로 수록됐다. 왼쪽 페이지 하단에는 총 4장의 사진이 실렸다. 내용은 다음과 같다. 오사카역 중앙 입구에서 지하상가까지의 출입구 부근, 중앙광장에서 신문을 판매하는 가판대, 한신 백화점 북쪽으로 이어지는 통로에서 영업 중이던 전국 각 부현 특산품 상점가, 그리고 위치를 정확하게 특정할 수 없지만 지하상가 식당 거리로 보이는 사진.

조금 더 상세하게 살펴보자. 오른쪽 페이지 하단 사진 속에

그림 2-2 지하상가 출입구 부근

그림 2-3 신문 가판대

서 우메다 지하상가의 명물이었던 서서 먹는 구시카쓰串カツ* 가게 마쓰바松葉가 보인다(그림 2-1). 염색된 노렌**의 가게 이름으로 넉넉하게 판단할 수 있다. 아무것도 상관하지 않는 듯한 표정으로 계단을 오르락내리락하는 양복 차림의 샐러리맨과, 노렌 밖으로 엉덩이를 내민 채 딱 한 잔만 마시고 귀가하려는 샐러리맨. 성비와 패션은 달라졌을지 몰라도 이 구도 자체는 헤이세이 27년(2015)의 폐점까지 크게 바뀌지 않았으리라.

출입구 부근을 찍은 사진에는 네온 간판이 또렷하게 보인다(그림 2-2). '지하 환승 통로'라고 크게 쓰여 있다. 꼼꼼히 살펴보니 '지하상가 · 지하철 · 한신 전차 · 게이한신 급행전차 방면'이란 안내문이 보인다. 남은 세 장의 사진은 지하상가의 잔상들이다.

먼저 신문 가판대(그림 2-3). 중앙 광장 원기둥 옆에 가판대를 설치하고 신문을 파는 중이다. 가판대 아래로 '요미우리신문 석간 8페이지에 5엔' 같은 가격 안내가 펼쳐져 있다. 관련 설명에는 '천장의 광고판이 밤낮을 가리지 않고 빛나서 등불 걱정 없는 경제적인 가판대, **신문만 허가**'라고 쓰였다.

위 설명에서 '신문만 허가'라는 부분이 눈에 띈다. 사진을 보

* 구시카쓰串カツ는 고기나 야채 등을 꼬치에 끼워서 튀김옷을 입힌 뒤 튀겨내는 일본 요리다. 지역에 따라 재료, 조리법, 먹는 방법, 호칭 등이 다르다. 오사카 명물로 알려져 있다.

** 노렌暖簾은 상점 출입구에 내걸어 놓은 천이다. 민가에서도 내걸어 두는 경우가 있다. 원래는 가게 안을 들여다보지 못하게 시야를 가리고 바람 및 햇볕을 막는 용도였다. 이후 점차 상점을 상징하는 용도가 됐다.

면 실제로 가판대의 상품은 신문뿐이다.

두 개의 요코초

이어서 '그림 2-4'에 관한 설명을 보자. '오사카에 일하러 온 타지 사람들이 가끔 들러 향수를 달래고 위안으로 삼는다'고 적혀 있다. 마치 벽에 부착된 것처럼 앞뒤 폭이 좁은 점포가 늘어선 모습이 인상적이다. 홋카이도부터 가고시마까지, 한 곳도 빼놓지 않은 듯하다. 각지의 특산품을 진열한 상점가, 이른바 '알리바이 요코초'로 통칭하는 곳의 사진이다.

그렇다면 왜 '알리바이'인가? 다시 쇼와 30년(1955)에 발간된 『오사카 가이드』에 실린 「오사카의 뒷골목 기타를 거닐다」로 돌아가 보자.

> 출장 다녀오면서 해당 지역의 특산품을 미처 준비하지 못한 사람은 걱정하지 말 것. 오사카에서 사면 된다. 오사카역 지하 상점가에 각 지역의 특산품이 진열돼 있다. 심지어 포장지까지 각 지역 현지 제품을 쓴다. 출장을 핑계 대고 오사카 시내의 애인 집에 틀어박혀 있던 공처가 모 씨는 이곳을 활용해 알리바이를 만든다.

그렇다. 지역 특산품 준비를 깜박한 사람, 가짜 출장을 간 사람, 바람을 피우는 사람 등도 우메다 지하상가에 오면 일본 전국

그림 2-4 전국 유명 과자·특산품 상가(알리바이 요코초アリバイ横丁)

그림 2-5 지하 식당가(부라리 요코초ぶらり横丁)

그림 2-6 부라리 요코초(2003)

의 명과 · 특산품을 살 수 있었다.

사실 이 '전국 유명 과자 · 특산품 상가'를 개설한 주체는 한신 백화점으로, 「한신 백화점의 발자취阪神百貨店のあゆみ」에 따르면 쇼와 26년(1951) 9월에 영업을 시작했다. 설치 배경은 뒤에서 설명하겠다.

그림 2-5, 지하상가 식당가 사진을 보자. 언뜻 보면 마치 번화가 구석의 요코초 같다. 좁은 통로 양쪽으로 노렌을 내건 술집이 늘어섰다. 설명은 '밤낮을 가리지 않고, 날씨에 개의치 않고, 언

제나 전등이 눈부시게 빛나는 거리. 업주 대부분은 이곳을 점포로만 사용한다'고 적었다. 하지만 이곳은 지하 주점가 사진이다.

이미 눈치 챈 독자도 있을 것 같다. 이곳은 '부라리 요코초'로 불리는 식당가다(그림 2-6).

이렇게 보면 전후 우메다 지하 상점가의 실태를 또렷하게 파악할 수 있다. 물론 지하상가의 주요 기능은 통로다. 하지만 상술한 것처럼 다양한 역할도 수행했다. 실제로 이 공간의 특징을 형성한 것은 신문 가판대, 알리바이 요코초, 그리고 부라리 요코초 등이었다.

2 배제의 공간

최초의 지하도

『오사카 가이드』가 출판된 1955년 당시 오사카에서 유일하게 지하상가가 설치된 지역은 우메다였다. 하지만 보통 쇼와 32년(1957)에 오픈한 난바 지하센터를 오사카 최초의 지하상가라고 여긴다(오사카지하상가주식회사 편, 『오사카 지하상가 30년사大阪地下街30年史』). 그렇다면 『오사카 가이드』에 소개된 '미로 우메다 지하상가'는 지하상가가 아니었다는 말인가?

그렇다. 이곳은 종종 '우메다 지하도'라고도 불렸다. 쇼와 30

년(1955) 무렵, 오사카역 앞에 동서로 펼쳐진 이 지하 공간은 거리라기보다는 길(통로)에 가까웠다.

1장에서 언급한 것처럼 오사카역 앞 토지구획 정리사업은 쇼와 15년(1940)에 완료됐다. 또한 이 사업과 병행해 추진하던 가로, 지하도, 광장 정비 도시계획사업도 쇼와 17년(1942) 무렵 대부분 마무리된 상태였다. 국철 오사카역 중앙 입구에서 지하철·한신을 연결하는 교통로. 바로 오사카역 앞의 우메다 지하도였다. 구상 단계 시점에는 '도로 및 광장 아래 지하도가 종횡으로 설치되면 그 양쪽으로 매점 및 상가가 생길 것이다. 우리 오사카에 밝은 지하상가가 출현할 것이다'라는 기대를 받았었다(『대오사카大大阪』, 1938년 4월호). 하지만 전쟁이 터지자 관련 공사들은 곧 중단되고 말았다. 결국 지하도는 지하상가로 변모하지 못한 상태로 종전을 맞이했다.

그리고 지하상가로 변모하게 되는 뜻밖의 계기가 찾아왔다.

변전하는 지하 공간

오사카역 역전 지하에 구축된 연면적 1만m^2에 달하는 거대한 공간. 이곳은 전시·전후 시기 다양한 역할과 기능을 수행한다. 공습이 심해질 때면 지하도는 든든한 방공호로 변했고, 불이 나서 집을 잃은 사람들의 지붕을 대신했다. 전쟁이 끝난 후는 부랑자나 전쟁고아가 비바람을 피하고 불을 피워 몸을 데우는 피난처가 됐다. 배고픔과 추위로 죽는 사람이 잇따를 때였다(『오사카 · 지금과 옛날』).

이재민과 일가친척 없이 떠도는 사람 등을 수용한 공공 공간 지하도. 결국, 이곳은 공공성 때문에 지하상가로 변신한다. 가령 한신 백화점이 개업한 '전국 유명 과자 · 특산품 상점가'(알리바이 요코초)처럼 지하도 좌우에 상점가를 세우는 아이디어는, 사실 지하도의 부랑자 축출을 위한 계책이었다(『오사카 · 지금과 옛날』). 이재민과 부랑자 때문에 무서워서 통행하기 어렵다는 민원이 시청에 빗발쳤기 때문이다.

그리고 실태는 명확하지 않지만, 종전 후 지하도에는 공습 화재로 집을 잃은 사람이나 귀향자가 정착해서 역전 지상처럼 암시장이 형성됐다. 이곳을 지나갈 때 공포를 느꼈다는 민원의 원인은 이 암시장과도 관련이 있다. 그러자 지하도 관리자 오사카시는 악질적인 불법 토지 점용 업자를 배제하고 지하도 환경을 개선하기 위해 특정 단체 · 개인에게만 지하도의 점용 허가를 내줬다.

이때 유일하게 영업 허가를 받은 판매업자가 바로 방금 본 신문 가판대다. 쇼와 24년(1949)의 일이다. 서서 먹는 구시카쓰 가게 마쓰바도 신문 가판대와 마찬가지로 쇼와 24년에 개업했다. 이들은 일관된 환경정화정책 과정에서 선발된 업종과 점포였다.

이렇게 보면 신문 가판대, 구시카쓰의 마쓰바, 알리바이 요코초 모두 배제를 위해 만들어졌다고 할 수 있다. 그럼 부라리 요코초는 어땠을까? 이곳 역시 암시장 대책의 일환으로 오사카시가 점용 허가를 내준 오사카시민공제회가 식당 업자에게 전대轉貸하는 형태로 쇼와 28년(1953)에 개업했다.

결론. 지하도로 개발된 공간에 눌러앉은 부랑자 및 암시장에서 활개 치던 불법 업자를 쫓아내기 위해 특정 상업 기능을 집중적으로 배치했다. 이로써 단순한 통로였던 이곳이 '거리'가 됐다.

그렇다. 오사카 최초의 지하상가는 '배제의 공간'으로서 탄생했다.

반복되는 배제

우메다 지하공간은 상술한 탄생 비화를 무심코 재현한다. 헤이세이 2년(1990), 오사카시는 '국제 꽃 박람회'를 위한 도시 정비에 나섰다. 이때 시는 미관을 해치고 통행에 지장을 초래한다는 이유로 우메다 지하상가의 명물인 신문 가판대를 강제로 철거한다(『니혼케이자이신문日本経済新聞』, 1990년 4월 14일). 업자들은 재판에서 '쇼와 24년(1949)에 시 당국과 경찰은 구두로 영업 허가를 내줬고, 시 역시 지금까지 신문, 잡지 하치장으로 쓰도록 역의 창고를 빌려줬다'고 반론했다. '복잡한 지하 통로. 지방에서 온 사람도 많고, 하루에 250명에게 길 안내를 한 적도 있다. 80년대까지 가판대는 최소 10곳 이상 운영됐고, 이를 이용하는 고정 고객도 있었다'고 한다(『아사히신문』, 2015년 7월 9일).

큰 이벤트가 있을 때마다 지하 공간은 변용한다. 헤이세이

26년(2014) 3월, 대중의 사랑을 받아온 '알리바이 요코초' '한신 백화점 지방 특산품 상점거리'가 폐쇄되었다. 또한 2020년 개최되는 도쿄올림픽 · 패럴림픽을 대비해 폭 8m의 통로를 15m로 확장하기로 했다. 이런 변화의 배경에는 언제나처럼 국제적 행사가 있었다. 시는 알리바이 요코초를 폐쇄한 이듬해, 구시카쓰의 마쓰바와 부라리 골목까지 불법 점거라며 철거를 요구했다.

여기가 사람을 배제했던 공간이었다는, 대부분의 사람이 이미 잊어버린 사실. 이 기억이 흐르던 협소한 상업공간이 사라졌다.

3
또 다른 도시

지하상가의 확산

지하도에 점포가 입점하면서 우메다 지하 공간은 지하상가로 변모했다. 하지만 오사카 최초의 계획적인 지하상가는 난바 지하센터(현 NAMBA난난)다. 난바 지하센터는 기타의 부흥 · 발전을 뒷받침한 우메다 지하상가의 성공을 계승한 것이다. 반관반민으로 구성된 '오사카 지하상가 주식회사'가 시범 사례로 난바의 지하상가를 건설했다. 물론 오사카 지하상가 주식회사는 아무런 실적이 없었기 때문에 공사 자체는 결국 오사카시에 위탁되었지만…….

쇼와 32년(1957)에 탄생한 난바 지하센터의 계획 단계 때는 상가 출점 희망자가 거의 없었다. 지하상가에 대한 세간의 평가가 뚜렷하지 않을 때였다. 결국 난바 지하센터는 식당가로 구획된 곳이 채워지지 않은 채로 개업했다. 그런데 막상 뚜껑을 열어보니 지하상가 붐이 일어날 정도였다. 고객들의 발걸음이 끊이지 않았다. 대성공이었다.

서쪽 출구는 지하철 난바역과 연결됐다. 남쪽의 지상은 다카시마야였다. 북쪽은 난가이카이칸(현 도호난가이빌딩)으로 이어졌다. 동쪽 지상으로 올라가면 번화한 에비스바시스지가 나왔다. 이런 입지조건 역시 난바 지하센터의 흥행에 큰 도움이 됐을 것이다. 난바에서 큰 성공을 거둔 오사카지하상가주식회사는 지하상가 개발에 박차를 가했다. 첫 번째 본격적인 개발은 우메다 지하센터(현 화이티 우메다)다. 쇼와 38년(1963) 11월에 문을 열었다. 애당초 입지 자체가 좋았던데다가 난바 지하센터의 성공 역시 좋은 영향을 미쳤다. 그 결과, 예정된 입점 점포는 185곳인데 출점 희망자는 2천 명이 넘었다.

2기 우메다 지하센터는 오사카 만국박람회에 맞추어 개업했다. 이후 현 JR선을 넘어서 한큐 우메다역까지 연결되는 쁘띠샹젤리제 거리가 생기면서 3기 우메다 지하센터가 완성된다. 우메다 지하도 서쪽에는 시전철 남북선을 갈음하는 지하철 3호선(요츠바시선) 상부에 도지마 지하상가가 들어섰다(쇼와 41년 7월, 1966). 연이어 동쪽에 한큐 3번가가 개업한다(쇼와 44년, 1969). 이처럼 지하도에서 출발한 지하상가는 사방으로 촉수를 늘려가며 미로 같은 공간을 형성했다. 게다가 역전 다이아몬드 지구에서 지하층을 통로에 연결하는 빌딩이 증가하면서, 이 공간은 더욱 복잡해졌다. 오사카역 앞의 지하 공간은 헤아릴 수 없는 출입구들과 이어진 미궁이 됐다.

눈을 돌려보자. 시인이자 노동운동가인 데라시마 다마오寺島珠雄(1925~1999)는 인력시장으로 알려진 가마가사키釜ヶ崎를 같은 형태의 마을인 야마타니山谷(도쿄의 슬럼가)와 비교하면서, 전자에 선술집이 압도적으로 많다는 점을 지적했다. 이 주장은 오사카와 도쿄라는 도시를 전체적으로 대조하면서 이뤄진다. 그는 '오사카는 노동자 거리뿐 아니라 기타 지역 빌딩부터 지하상가까지, 사람이 많은 곳에는 무조건 선술집이 있다'고 말한다(데라지마 다마오 편저, 『가마가사키 어휘집 1972~1973釜ヶ崎語彙集1972~1973』). 또한 우메다 지하센터에 대해서는 '통행하는 사람이 가장 많은 곳에는 너끈하게 50명을 수용할 수 있는 선술집이 네 채나 들어섰다. 참으로 오사카적이다'라고 평가하고 있다(『요미우리신문讀賣新聞』, 1972년 6월 16일).

지금도 아침 9시부터 '잠깐 한잔'할 수 있는 (입식)술집이 지하상가에서 영업 중이다. NAMBA난난에 요코초 같은 식당가가 존재하고, 아베치카는 아베노 요코초를 구획해 식당을 배치하고 있다는 사실이 흥미롭다(1장 참조). 이런 공간들의 원형은 분명 우메다 지하상가의 부라리 골목일 것이다.

미로, 지하상가

한큐와 한신, 지하철, 그리고 오사카역에서 지하상가로 이어지는 교차점에 서면 어디가 서쪽이고 어디가 동쪽인지 알 수가 없다. 마치 미로 같은 곳이다.

—『오사카 가이드』

『오사카 가이드』가 간행된 쇼와 30년(1955) 당시의 우메다 지하상가는 지금처럼 복잡하지 않았다. 원래 지하상가의 공간 구조는 단순 그 자체다. 국도나 부도 등 공공성이 높은 도로와 공원의 아래만 파냈기 때문이다. 지상의 도로 지도를 머릿속으로 그릴 수 있다면 지하상가에서도 헤맬 일은 없을…… 것이다.

하지만 지상과 지하상가를 잇는 계단의 방향이 바뀌거나 지상의 랜드마크가 보이지 않게 되면, 한순간에 방향 감각은 사라진다. 익숙한 사람이라면 모를까 처음으로 방문한 사람, 혹은 어린아이나 고령자에게 지하상가는 미로와 같다.

한큐 · 한신 · 지하철의 우메다역과 오사카역이 결절하는 이 복잡한 공간의 정경도 마찬가지다. '이곳을 걷는 사람들은 모두 바빠 보이고, 하릴없이 어슬렁거리는 사람은 거의 없다(『오사카 가이드』).' 지금도 이곳을 가로지르는 발걸음들은 분주하다(특히 오사카 사람은 발이 빠르다고 알려져 있다). 그 흐름에 발맞추지 못하는 사람은 종종 길을 잃는다.

우메다 지하상가는 '지도에 없는 거리'라고도 불린다.

> 오사카 지도에 없는 거리, 우메다 지하상가다. 이런 곳은 전국 어디에도 없다. 근대 오사카시의 자랑거리 중 하나다.
>
> —『아사히 사진북37 오사카』

저 당시는 아직 엄밀한 의미에서의 지하상가는 아니었지만, 이 말은 두고두고 재인용된다. 가령 우메다 지하센터 공사가 시작된 쇼와 36년(1961) 발행된 마키무라 시요의 『오사카 가이드』에는 '초町의 지명도 번지도 없고, 지도에도 표기되지 않은 마을'이라고 소개돼 있다. 『오사카 · 지금과 옛날』(아사히신문사 사회부 편)은 완공된 지하상가를 '현재 오사카의 새 명소 중 최고다'라고 선전하면서 '기타구 우메다 1번지의 한 지구—이곳은 지도에는 없다'고 덧붙였다. 지도에 없는/지도 없는 거리—우메다 지하의 미로.

지하상가에는 보통 공간의 놀이가 없다. 구획 및 구역별로 용도가 명확하게 정해져 있기 때문이다. 기능과 공간이 일대일로 대응한다. 그런 까닭으로 30여 년 전 도시론자들의 눈에는 '각지의 특산품을 진열하는 벽 사이로 빠져나가는 좁은 골목길, 복잡하게 얽힌 작은 술집들이 연접한' 장소—바로 '부라리 요코초'—마저도 '균질화되고 무미건조한 공간'으로 비춰지는 것이다(도사

마사키土佐昌樹, 「도시와 지하상가都市と地下街」).

> 이곳에서는 노렌이나 관례를 소중히 여기는 오사카 상법이 이미 무용지물이다. 그래서 근대적인 이 지하상가에서 악착스러운 오사카의 냄새는 느껴지지 않는다. 지하상가의 탐욕이 토지의 개성까지 삼킨 것인가. 좋게 말하면 코스모폴리탄화, 나쁘게 말하면 식민지화. 지하상가를 토대로 미나미를 추월하려는 기타의 모습이다.
>
> —아사히신문사 사회부 편, 『오사카 · 지금과 옛날』

이동을 위한 통로를 상업주의의 무대로 변환하는 공간 장치가 지하상가라면, 토지의 개성을 아주 쉽게 삼킬 수 있을 것이다. 몰장소성*이라는 인문지리학 용어가 다시금 떠오른다.

하지만 지하상가는 숨쉬고 있다. 오가는 사람들을 통해 지상의 공기(=장소성)와 접촉한다. 화이티 우메다 동쪽 끝의 샘의 광장, 오기마치도리 · 신미도스지 교차점의 지하 부근에는 도야마나 다이유지太融寺 일대에 드리워진 기묘한 밤의 공기가 흘러들어 왔을 것이다(2장 표지 사진).

호리 아키라의 SF소설 『우메다 지하 오디세이』과 같다. 시간이 되면 셔터를 내린다. 출입은 불가능하다. 하지만 열린 상태일

* 장소 간 외견과 분위기가 비슷해서 장소 정체성이 불분명한 상태를 뜻한다.

때 지하 공간은 부여된 기능에 얽매이지 않는다. 때로는 노숙자의 임시 거처, 때로는 의외의 사건들이 생성되는 공간이기도 하다. 물론 그것들은 다시 배제의 대상이 되지만…….

균질화된 무미건조한 공간으로 폄훼당하는 부라리 골목이 오히려 부단하게 전진하는 개발과 변화의 영역에 계속 머무르면서 오사카다운 도시의 내부를 체현하고 있었던 것은 아닐까. 시대에 뒤처졌다고 평가절하할 수도 있지만, 귀가를 재촉하는 사람들이 쇼와 20년대(1945~1955)에 개발된 요코초의 둥근 의자에 앉아 넘치도록 맥주를 따르고 마시는 광경을 떠올려보라. 그곳에는 분명 공간적인 균열이 있었다. 단지 신경 쓰는 사람이 아무도 없었을 뿐이다. 마치 애매하게 단절된 여러 종류의 장소 간 공존을 가능하게 하는 침전물처럼 퇴적된, 보이지 않는 공간의 역사가 몰래 배어 있는 듯하다.

시바사키 도모카柴崎友香는 오사카 최초의 '완벽한 지하상가 가이드북'을 지향한 『오사카 지하상가大阪地下街本(피아 MOOK 간사이)』에 수록한 에세이에서 지하상가를 '또 하나의 오사카'라고 칭했다. 지하상가가 토지의 개성을 삼킨 게 아니라 오히려 토착화된 후 대안적인 오사카를 만들었다는 뜻이다.

하지만 공간 관리의 강도는 갈수록 높아진다. 조지 오웰이 『1984』에서 펼쳐낸 세계와 비슷한 '지하상가 오디세이'가 곧 도래할지도 모른다.

に道楽
かに道楽
2F

3장

상업 도시의 토폴로지

도톤보리(사진은 역자 제공)

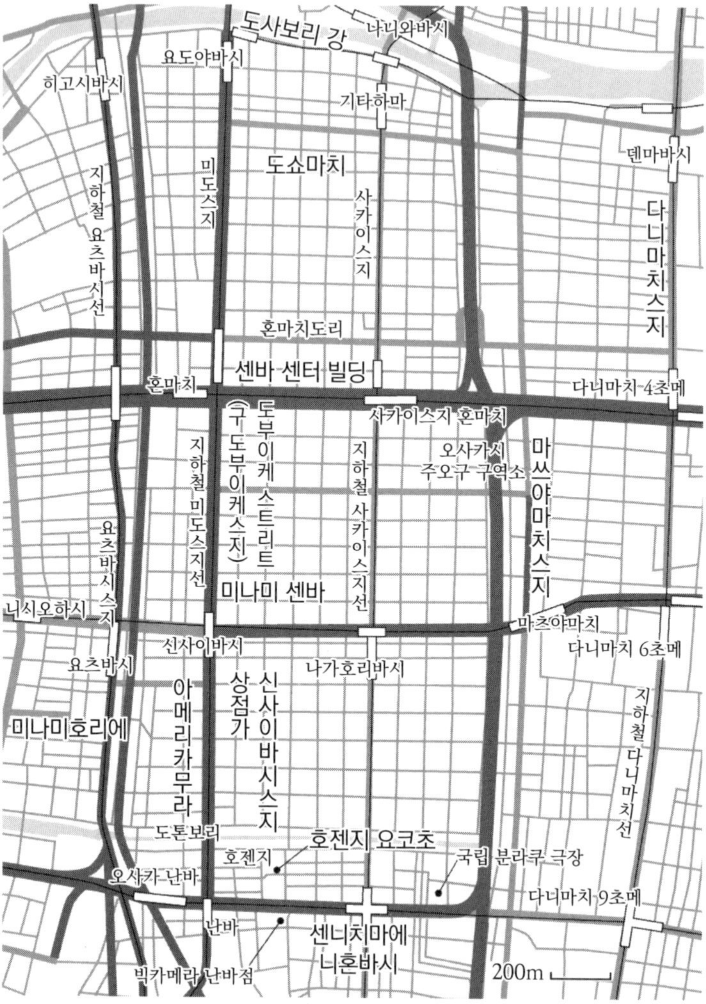

그림 3-1 요도야바시~호젠지(더 남쪽은 그림 5-1 참조)

1
다시 일어서는 오사카

초토화된 거리

태평양 전쟁 말기인 쇼와 20년(1945) 1월부터 8월까지 이어진 미군기 B29의 공습으로 오사카 중심 시가지는 엄청난 타격을 받고 초토화됐다. 특히 3월 13일 심야부터 14일, 오사카를 공습한 미군기는 도심부 전역에 6만 발 이상의 소이탄을 투하했다. 이때 오사카의 사망자 · 행방불명자는 4천 명 이상에 달했고, 기성 시가지의 중심부 역시 완전히 소멸해버렸다.

1차 대공습이 끝나고 B29가 오키나와전에 투입되면서 4월과 5월의 오사카는 소강상태로 들어갔다. 하지만 6월이 되면서 다시 대공습이 개시됐다. 오사카만 연안 3구(고노하나 · 미나토 · 다이쇼) 공업지대를 중심으로 많은 지역이 피해를 입었다. 정확한 횟수를 파악할 수는 없지만, 쇼와 20년 오사카 공습은 수십 회에 걸쳐 전개됐다. 그 피해는 사망자만 약 1만 명, 건물 피해 면적 약 51km²(소실 가옥 31만 호)에 달했다고 한다.

이 공습들로 인해 조카마치를 중심으로 발전했던 근대 오사카 도시 공간 대부분이 소멸되고 말았다. 그러나 이 도시는 재기를 향해 나아갔다.

오다사쿠의 「전재 여록」

3월 13일 야간 대공습이 끝난 지 열흘 뒤, 오다 사쿠노스케는 미나미의 번화가 '센니치마에'에 들렀다. 그가 자주 드나들던 극장, 목욕탕, 음식점 등이 모두 불에 타 사라졌다. 그는 B29의 살벌한 폭격에 경악을 금치 못하면서도 동시에 재건의 풍경 속에서 어떻게든 재기하려는 오사카 혹은 일어서고 있는 오사카의 표정을 포착했다. 그는 이 포착을 「전재 여록」이란 기록으로 남겼다(「일어서는 오사카-전재 여록起ち上る大阪-戦災余話」, 1945년 4월). 오다사쿠는 미나미에서 단골 찻집 하나야花屋의 점주 다사부로(가명, 애칭 다얀)와 우연히 재회한다.

> 사실 나는 다얀이 이미 어디로 대피했을 거라고 생각해서 만나기 힘드리라 지레짐작하고는 만남을 반포기한 상태였다. 그런데 막상 다얀은 가족들과 함께 부지런히 불탄 자리를 정리하고 있었다. 그는 내 얼굴을 보자마자, '여어 오다 씨 어서 와요. 여기까지 잘도 오셨네요. 보세요, 시원하게 타버렸어요. 완전히. 큰일이에요'라고 말했지만, 그의 얼굴은 좌절하거나 뭔가를 포기한 사람의 얼굴 같지 않았다.

다얀은 피난 갈 곳이 있었지만 떠나지 않고 미나미에 머물렀다. 상태가 괜찮은 방공호에서 가족 4명과 생활하면서 말이다. 그런데도 다얀은 '방공호에서는 누구 눈치 볼 필요가 없어요. 야간 공습이 와도 움직이느라 고생하지 않아도 되고요. 등화관제도 신경 쓸 필요가 없어서 정말 마음 편하고 좋은걸요'라며 사뭇 태평하다.

다얀은 오다사쿠와 헤어질 때 '나는 이 오사카에 끝까지 남아 완강히 버티겠다'며 '전쟁이 끝나면 다시 여기서 찻집을 열 테니 잊지 말고 찾아오라'고 당부했다. 재해를 입은 지 1개월도 채 안 됐는데 벌써 일어나려고 하는/일어서고 있는 오사카를 눈앞에서 목격한 오다사쿠는, 무엇에도 지치지 않는 오사카인의 끈기에 흥분해 「전재 여록」을 남기기로 결심한다. 「일어서는 오사카」의 집필 동기다.

장소 애착

상술한 것처럼 6월부터 대공습이 재개됐다. '일어나려는 오사카를 좌절시키고…… 막판까지 내몰았다.'(「영원한 신인-오사카인은 재 속에서永遠の新人-大阪人は灰の中より」, 1945년 9월) 그러나 오다사쿠는 다시금 다얀과 이후 언급할 산짱三ちゃん/参ちゃん을 예로 들면서 '밟히고 밟혀도 주저앉지 않는 강한 끈기'에서 희망을 발견했으며, '전쟁 이전보다 더 훌륭한 오사카'가 재건될 것이라고 단호하게 예언했다. 「일어서는 오사카-전재 여록」 간행 1년 후 발표된 「신경神経」(1946년 4월)에도 다얀과 산짱은 여러 번 등장한다. 1차 공습 열흘 후 센니치마에에서 만난 다얀은 '우리는 불타더라도 센니치마에를 떠나지 않아'라고 읊조린다. 이어 중학생 때부

터 다니던 서점 나미야波屋의 점주로 오다사쿠와 친한 산짱이 말을 걸어온다.

나는 산짱의 얼굴을 보자마자 재난을 입은 데 대한 위로는 전하지 않고 '이 서점이 불타버려서 잡지를 살 수 없잖아'라고 투덜거리듯 말했다. 그러자 산짱은 입을 삐죽거리며 '그럴 리가 없잖아. 두고 봐. 책방 다시 열 테니까. 그때 우리 가게에서 사. 우리는 절대 책방을 그만둘 리 없으니까'라고 받아쳤다.
'어디서 하는데'라고 묻자, 산짱은 정해지지 않았다고 하면서도 '미나미에서. 미나미에서'라고 바로 대답했다.

센니치마에를 떠나지 않겠다는 찻집의 다얀, 미나미에서 재기를 약속하는 책방의 산짱, 오다사쿠는 두 사람의 센니치마에에 대한 집착이 기뻤기 때문에 「일어서는 오사카」라는 제목을 붙였다고 고백한다. '오사카의 미래가 밝음을 억지로 내비치는…… 판자로 지은 건물과 같은 문장'이라고 자아비판을 했지만, 결국 꽃집 나미야도 두 개의 기사(「일어서는 오사카」와 「영원한 신인」)에서 자신의 이야기가 다뤄진 것을 보고는 힘을 내 영업을 재개한다.

오다사쿠가 목격한 오사카 부흥의 배경에는 토지 · 건물 권리관계나 제도적인 구조만으로 파악할 수 없는, 장소에의 애착이 있었다.

센바 토포필리아

오다사쿠는 주로 도시 주변의 거리를 관찰하고 썼다. 하지만 그는 「신경」과 같은 해인 쇼와 21년 초에 내놓은 저작 「오사카의 여자大阪の女」에서는 쇼와 20년(1945) 3월 13일의 대공습을 주제로 삼았다. 판잣집을 세워 찻집을 다시 운영하는 어머니와 딸의 인생을 농락하는 센바의 낡은 인습을 그려냈다.

센바는 북쪽으로 도사보리 강土佐堀川, 동쪽으로 히가시요코보리 강東横堀川, 남쪽으로 나가호리 강長堀川(매립되었음), 서쪽으로 니시요코보리 강西横堀川(매립되었음)에 둘러싸인 채 남북으로 길게 뻗은 지역이다. 큰 상점들로 가득한, 이른바 상도商都의 심장부다. 은행 · 증권회사 등이 집적하는 북부의 금융가를 기타센바, 섬유 관련 기업이 모이는 혼마치 일대를 나카센바, 남쪽을 미나미센바, 히가시/니시요코보리 강과 근접한 지역을 각각 히가시센바 · 니시센바라 부르기도 한다.

상업 발전으로 형성된 음식, 패션 스타일, 언어 습관 등을 포함해 센바는 초닌문화*의 중심이다. 그 고유의 관습—오다사쿠의 말을 빌리자면 오래된 인습은 숱한 근대문학 · 역사소설의 소재로 쓰였다. 오다사쿠의 「오사카의 여자」는 '센바의 낡은 인습에 희생'되지 않으려는 각오를 가진 여성을 그려냈다. 한편, 야마자키 도요코의 「센바에 미침船場狂い」(1958)은 센바로 이주해서 고

* 초닌은 에도막부 시대의 상공인을 뜻한다. 초닌문화는 초닌 계층이 주도해 발전시킨 문화다.

료닌御寮人さん'·오이에항御家はん(女隠居)'으로 불리는 게 생의 염원인 한 여성의 일생을 표현했다.*

야마자키도 작품에서 1차 대공습 때 하룻밤에 불타버린 센바를 묘사했다. 주인공 히사죠는 센바에 대한 강한 집착을 감추지 않는다. 그는 '자신의 생애가 센바를 둘러싸고 흐르는 강가를 빙빙 돌다가 끝날 것 같은 불안'에 내몰리면서도 센바를 향한 집착을 버리지 못했다. 결국 막내딸을 히가시센바 구석에 자리 잡은 종이 도매상의 외아들에게 시집을 보낸다. 넘지 못할 벽 같았던 호리 강을 넘었다. 자신의 인생에 돌파구를 만든 것이다.

쇼와 19년(1944) 여름에 출정한 사위는 전쟁이 끝나고 1년 반이 지나서야 돌아왔다. 히사죠는 회복 중인 사위에게 '몸이 좋아지면 제일 먼저 불타버린 센바의 가게로 가. 예전처럼 다시 가게를 세워'라고 부추긴다. 하지만 사위는 영 미덥지 않았다. 결국 히사죠는 자기가 나선다. 두 손 두 발 걷어붙이고 종이 도매 가게를 멋지게 신축해서 보란 듯 성공시켰다. 센바는 예전의 그 센바가 아니었지만, 히사죠는 마치 센바에서 나고 자란 것처럼 센바의 관습을 완고히 지킨다. 보통의 애착을 훨씬 뛰어넘은 장소에 대한 집착. 인문 지리학자 이푸 투안Yi-Fu Tuan의 말을 빌리자면 토포필리아Topo-Philia(편집적인 장소애)일 것이다.

시인·소설가 도미오카 다에코는 "이른바 '오사카스러움'이

* 고료닌御寮人さん은 가게 주인의 아내, 오이에항御家はん(女隠居)은 가게 주인의 어머니를 뜻한다.

진저리 나는 부분이 있다. 글 쓰는 사람이 '센바·시마노우치島の内'적인 것의 내부에서 그 문화에 도취해 있는 점이다. 이 「센바에 미침」에는 그런 것이 없다"라고 말했다. 이 지적은 오다사쿠의 「오사카의 여자」, 그리고 나중에 보게 될 시바 료타로의 「도부이케 일대丼池界隈」에도 해당한다.

> 센바는 공습과 함께 흔적도 없이 사라졌다. 이곳을 지켜왔던 가게 사람들은 여기저기 흩어졌다. 그리고 이제, 전통도 인습도 없는 맨몸(빈털터리)의 사람들이 우르르 여기로 옮겨와 살고 있다.
>
> —「센바에 미침」

일부 점포가 '센바적인 것'의 명맥을 유지했지만, 대부분의 사람이 이곳의 전통과 인습에서 벗어났다. 상도 오사카의 심장부에 변화의 바람이 불어왔다.

부흥의 풍경과 장소 감각

공습 피해에서 회복하던 오사카를 상징하는 것은 암시장의 형태로 재개된 미나미 일대 상점가와 모여든 인파가 만들어낸 북적거리는 풍경이었다. 남겨진 옛꿈을 뒤쫓듯 신사이바시스지를 어슬렁어슬렁 걸어—이른바 '신부라心ブラ'—다니는 사람들(나베 가쓰유키 「터미널 남북 번화가ターミナル南北盛り場」, 1947년).

후지사와 다케오도 이런 풍경을 주시했다. 그는 '최근 부활해서 번성하는 신사이바시스지의 인파 속을 걷노라면, 이 일대가 불과 얼마 전까지 잿더미였다는 사실을 머리로 알면서도 자칫 원래의 신사이바시스지를 걷는 듯한 기분이 종종 든다'고 말한다. 다케오는 역시 오사카 출신의 서양화가인 다무라 고노스케(1903~1986)와 이런 착각을 두고 우스갯소리를 나누기도 했다.

후지사와가 오사카의 건재를 실감하고 '도쿄 따위는 개뿔도 아니다'라고 일갈한 것은 분명 이런 맥락에서다(1장 참조). 일어서는 오사카—후지사와 자신의 말로는 '초토화 속에서 날갯짓을 시작한 상업도시 오사카'—의 힘, 그 근원을 변함없는 오사카인의 생활력의 힘, 더 나아가(아마 오다사쿠에 동감해) 오사카인의 승부욕과 강한 끈기에서 찾아냈다.

후지사와는 '이제 2, 3년이 지나면 사람들은 불타버린 신사이바시스지의 옛 모습 따위는 완전히 잊어버리고, 지금 이 거리를 예전부터 이어져온 신사이바시스지라고 생각하며 걷게 될 것이다'(「터미널 남북 번화가」)라고 예언한다. 이런 그도 '오사카도 변했다고 할 수밖에 없다. 변하지 않은 것은 미나미의 번화가 신사이바시스지의 혼잡함뿐이다'(「오사카의 산책로大阪の散歩道」, 1966년)라고 말하면서 '옛날 그대로의 미나미 번화가가 재현된 기분이다'라고 감탄한다(「미나미의 번화가ミナミの盛り場」, 1970년). 후지사와가 전쟁 재난을 잊게, 그리고 옛날 그대로라고 착각하게 만들 정도로 미나미는 부흥하고 있었다.

2
동업자 거리의 변동

달라진 상공업지도

오사카는 크고 작은 상가와 동업자들만이 집적한 다채로운 거리로 인해 상공업의 중심지가 됐다. 이 사실을 가장 잘 표현한 작품으로 이세도 사이치로伊勢戸佐一郎의 「오사카 시내 주요 도매상가大阪市内主要問屋街」(1939)가 있다. 『오사카시 전화번호부大阪市電話番号簿』(1939)에 기재된 사업소의 정보를 『오사카지적지도大阪地籍地図』(1911)에 투사한 역작으로, 상도 오사카의 도시 공간을 훌륭하게 해부해냈다. 해설문을 읽으면서 지도를 눈으로 좇기만 해도 저자의 안내를 따라 실제로 길거리를 둘러보는 느낌을 받아 즐거워진다.

「오사카 시내 주요 도매상가」는 모두 14곳의 도매상가를 다룬다.

①기타하마北浜 · 이마바시今橋의 증권업 ②혼마치本町 주변의 서양 포목상 ③혼마치스지의 포목점 ④포목상 · 지상紙商이 혼재하는 미나미혼마치南本町 ⑤미나미큐호지마치南久宝寺町의 잡화상 ⑥다니마치谷町의 나사羅紗상 ⑦도쇼마치道修町의 약재 도매상 ⑧사카이스지시오마치堺筋塩町의 설탕상 ⑨니시요코보리의 목재상 ⑩시마노우치의 헌옷 도매상 ⑪호리에다치바나도리堀江立花通り의 가구상 거리 ⑫에비스바시스지 상점가 ⑬하치만스지八幡筋의 도

구상 ⑭신사이바시스지 상점가.

①의 금융 거리와 ⑫ · ⑭의 상점가는 도매상가라고 보기 어렵지만, 지금도 여전히 성업 중인 거리다. ①~⑤와 ⑦~⑨ 8곳은 센바, ⑥ · ⑩ · ⑪ · ⑬ 4곳은 센바 외곽에 위치한다.

또 하나, 『오사카 상공지도 주요 도매상가 · 상점가 · 관광 · 교통大阪商工地図 主要問屋街·商店街·観光·交通』(1958)을 덧붙이고 해설을 추가한 혼도 아키라本渡章의 『연속 · 오사카 고지도 안내-전중~쇼와 중기편続々·大阪古地図むかし案内-戦中~昭和中期編』도 주목할 만하다. 혼도는 도매상 거리를 '상업 도시의 척추'라고 평가하며 전후에도 생동하는 도매상가의 전통을 그려냈다. 「오사카 시내 주요 도매상가」와 『오사카 상공지도』를 비교하며 읽으면 상도 오사카를 구성하는 장소의 연속성과 단절, 새롭게 싹트는 상업 풍경을 어느 정도 파악할 수 있다.

다니마치스지의 '기성복'과 '기계'

『오사카 상공지도』를 보자. 오사카성 서쪽 다니마치스지변 일대에 기성복 도매상가가 있고 그 남쪽으로 기계 관련 도매상이 집적한 구역이 남북으로 뻗어 있다. 메이지 시기 이후, 덴마바시에서 다니마치 5초메 부근까지 양복 기성품을 취급하는 기성복 도매상가가 자리 잡았다. 이 도매상가는 공습으로 잿더미가 됐지만, 이후 『오사카 상공지도』에 나오는 것처럼 3초메 북쪽 지역에서 부활했다. 오사카 다니마치 기성복 협동조합이 쇼와 26

년(1951)에 조직된다. 나아가 나가호리長堀부터 6, 7초메까지 약 170곳의 기계, 공구, 도금 도매상이 모여들었다.

기성복과 기계라는 업종은 서로 무관할 것 같지만 뜻밖의 연결고리가 있었다. 이세도伊勢戸는 「오사카 시내 주요 도매상가」에서 이곳의 모직물 점포 집적, 양복 보급, 사업자 증가 등의 배경에 대해 해설한다. 오사카성 일대에 부청, 경찰본부, 군사시설(제4사단, 보병 제8연대 등)이 자리 잡으면서 관복과 군복의 수요가 확대됐다. 관청 및 부대에 근접해서 상품(기성품, 관복, 군복 등)을 납품하기 좋은 지리적 조건 덕분에 도매상가가 형성됐다는 이야기다.

이렇게 1~4초메 일대에 기성복 도매상이 들어섰다. 한편 5초메 남쪽으로는 군수 관련 기계상들이 즐비했다. 근방에 사단급 군부대와 기타 군사시설이 들어왔기 때문이다. 즉 오사카성과 그 주변은 토지 활용과 연관된 산업들이 공간적으로 분화해 집적하고 있었다. 지도만으로는 알 수 없는 이야기 하나를 검토해보자.

센바의 도매상 거리

도쇼마치는 센바를 대표하는 유명 도매상가다. 에도시기부터 약재상이 집적했으며 지금도 유명 제약회사들의 사옥이 많다. 또한 이 거리에는 전쟁의 포화를 피한 건물도 부분적으로 남아서 옛 센바의 모습도 살짝 엿볼 수 있다. 다니자키 준이치로의 작품 『춘금초春琴抄』의 무대이기도 했다.

『오사카 상공지도』를 보면 남쪽(가와라마치)의 종이 도매상가가 도쇼마치보다 더 길게 동서로 뻗어 있다. 잡화, 장신구, 화장품 도매상이 즐비한 미나미큐호지마치는 규모가 급격히 줄었지만, 지금도 상당한 수준을 자랑하는 도매상 거리다. 히가시요코보리 강에 걸친 규호지 다리에서 미도스지까지의 동서 약 1km 구역에는 남북 양쪽에 아케이드가 설치됐다. 그래서 언뜻 보면 도매상가라기보다는 주변에서 흔히 볼 수 있는 일반 상점가 같은 분위기다.

사카이스지와 안도지바시도리의 교차점 서쪽에는 '설탕'이라고 표기됐다. 현재 오사카 설탕 회관이 이 구역에 있다.

도부이케의 섬유 도매상가

지금까지 공습으로 인한 화재로 몽땅 타버린 구역이 전쟁 이전의 모습과 기능을 회복하는 모습을 살폈다. 한편 「오사카 시내 주요 도매상가」에는 등장하지 않는, 전쟁 후에 형성된 도매상가도 존재했다. 센바에 새로 탄생한 섬유 관련 도매상가 도부이케다.

신사이바시스지와 산큐바시스지三休橋筋 사이에 남북으로 길쭉하게 뻗은 도부이케스지丼池筋는 전쟁 전에는 고급 창호와 가구를 취급하는 도매상가였다. 미나미호리에의 가구 거리 다치바나도리立花通り(현재의 오렌지 스트리트, 그림 3-5)보다 더 고급품을 취급했다고 한다.

전쟁이 끝나고 이 거리는 일변했다. 이른바 섬유 경기糸へん景気* 또는 가차만 경기ガチャマン景気에 힘입어 섬유 상품을 전문으로 취급하는 현금 도매상가가 된 것이다. 시바 료타로는 급성장한 이 도매상가를 배경으로 작품「도부이케 일대」를 썼다.

> 일본 제일의 섬유 거리. 이 거리에서 하루에 움직이는 금액만 약 20억 엔이라고 한다. 오사카의 도부이케스지다. 이곳은 손님과 점원과 물건 외에는 흙도 보이지 않는다고 표현해도 될 정도로 건물이 빽빽이 들어섰다. 그중에 제대로 세워진 점포는 절반 정도다. 나머지는 시장 형식의 건물이다. 건물 안에는 수백 채의 가게가 소시지 속 고기처럼 쑤셔 넣어져 있다. 가게라고 해봤자 방 하나에 책상 4개가 덩그러니 놓여 있을 뿐이다. 책상 위에 옷감이나 기성복을 쌓아놓고 전화 한 통으로 장사를 한다. 지방 소매점에서 "벨베틴의 규격품, 5개 보내줄 수 있나?" 같은 전화가 오면 바로 각 도매상에 연락해서 "벨베틴 얼마야? 에, 1야드(약 91cm) 206엔이라고? 2엔 정도 깎아줄 수 없어?"라고 물어보며 가격 흥정에 들어간다. 이처럼 앉아서 매매 차익금을 벌면서 장사를 하는 사람들을 일명 '앉은뱅이(좌객) 브로커'라고도 한다. 가타마사는 그중 한 명이다.
>
> —「도부이케 일대」

* 한국전쟁 등의 요인으로 1950년부터 일본 경제의 경기가 호조 국면으로 접어들었다. 경제 활황으로 인해 확대된 화학섬유제품 수요 현상을 뜻한다.

주인공인 가타마사ガタ政라 불리는 고마다 마사키치駒田政吉는 도부이케에서 가게를 운영하는 '앉은뱅이 브로커'다. 가게라고 부르지만 사실 물건을 진열한 정식 점포는 아니다. 그저 책상 하나로 장사하는 곳이었다. 가타마사는 원래 도쇼마치의 한방 약재 도매상 중간 관리였다. 그 가게의 외동딸과 결혼해서 데릴사위가 되기 위해 양자로 들어가려 했지만, 결국 불의의 사고와 종전으로 일이 흐지부지됐다. 이후 주인 일가에 복수하기 위해 그 집을 나왔다. 전쟁이 끝난 후 도부이케에 판매대를 세우고 출세 가도를 달린다.

가타마사는 꿈이 있었다. 바로 도부이케의 어수선한 분위기와는 다른, 제대로 된 섬유 도매상이 모인 '센바의 중심 거리' 가라모노마치唐物町에 진출하는 것이었다.

소설은 가타마사가 주인집 딸과 재회한 후 실랑이 끝에 서로 웃는 해피엔드로 막을 내린다. 하지만 그가 꿈꿨던 가라모노마치의 길은 더는 찾아볼 수 없다. 오사카 중심부를 동서로 관통하는 주오도리中央大通り의 개발 때문에 이 일대 도매상가가 사라졌기 때문이다.

이 도매상가들은 주오도리 중앙부를 달리는 한신 고속 13호 히가시오사카선의 고가 아래에 건설된 센바 센터 빌딩으로 이전했다(쇼와 45년, 1970 개업, 그림 3-2). 동서로 약 1km에 걸쳐 뻗은 고가 아래 공간에 잡거 빌딩을 세우는 합리적 발상, 그 자체가

그림 3-2 센바 센터 빌딩(촬영: 도부 아키코)

'센바적인 것'이다.

완구 · 인형 · 과자 도매상가

지금까지 센바의 도매상가를 살폈다. 이제 다른 지역의 독특한 도매상가도 알아보자.

오사카 마쓰야마치松屋町. 발음하기 힘든 지명이다. 도로표지판에는 마쓰야마치Matsuyamachi라고 적혀 있지만, 보통은 맛차마치まっちゃまち라고 불린다. 서쪽의 미도스지와 나니와스지, 그리고 동쪽의 사카이스지와 함께 시가지 중심부의 남북 주요 간선이었던 마쓰야마치스지는 쇼와 7년(1932)부터 확장 및 정비된 도로다.

그림 3-3 마쓰야마치(촬영: 도부 아키코)

이곳을 걸을 때면 거리 양쪽에 우후죽순 들어선 점포의 간판과 함께 여러 홍보 문구들이 눈길을 끈다. 그중 하나가 '식품 완구'다. 식품 완구는 과자류에 경품을 붙여놓은 것이다. 미나미큐호지 교차점에서 가와라야마치 근처까지 막과자, 완구, 인형을 취급하는 도매상이 집적해 있다(그림 3-3).

마쓰야마치 남쪽에는, 엔니치縁日*의 포장마차나 야간 노점을 물들이는 장난감과 아이들을 즐겁게 해주는 제비뽑기 과자 등을 취급하는 도매상이 많다. 반면 북부에는 '히나 닌교ひな人形** · 고

* 엔니치縁日는 신불을 공양하고 재를 올리는 날이다.

** 히나 마쓰리(3월 3일 여자아이의 무병과 건강을 기원하는 일본 고유의 풍습)의 제단에 진열하는 작은 인형들이다.

가츠 닌교五月人形* · 고이노보리鯉のぼり**'를 주상품으로 삼은 큰 점포가 많은 편이다. 때로 불꽃놀이를 취급하는 가게도 있다. 모두 계절을 타는 상품이다. 포장 자재나 종이 제품을 취급하는 도매상이 드문드문 보이기도 한다. 장소성 때문일까? 하지만 지금은 도매상점이 있던 자리에 임대 맨션이 세워지는 등, 탈상업화의 바람이 이곳에 불고 있다.

상점거리 아케이드 남쪽 끝은, 우에마치 대지로 오르는 경사에 위치한 가라호리空堀 상점가와 이어진다. 산책하기 좋은 노선이다. 가라호리 상점가 일대는 대공습 때도 소실되지 않은 목조 건축이 밀집해 있다. 최근 이 건물들을 개량한 식당이 늘어나는 추세다.

도구상 거리

예전부터 센바와 달리 풍취 있는 마을로 알려졌던 시마노우치에도 동업자 거리가 있었다. 오차야가 많았던 하나마치(소에몬초)도 그중 하나다. 일단 여기서는 도매상가를 중심으로 살펴보자.

하치만스지八幡筋는 골동, 당목, 구리 그릇, 고물 등을 취급하는 도구상이 약 100곳 정도 모인 거리였다. 하지만 전쟁이 끝난 후 가게 수가 5분의 1까지 급격히 줄어들었다. 소에몬초부터 시

* 단오절에 장식으로 쓰이는 무사 차림의 인형이다.

** 단오절에 쓰는 천 또는 종이로 만든 잉어다.

그림 3-4 도구상 거리 상점들(촬영: 도부 아키코)

작된 '탈하나마치화=환락가화'의 물결에 휩쓸려 분위기가 완전히 달라져 버렸다. 몇 곳의 점포가 남았지만, 밤거리를 거니는 취객이 이 사실을 알아차리기는 힘들다.

센니치마에의 도구상 거리와 도매상 거리도 독특하다. 냄비와 칼 등의 조리기구, 식기, 나아가 노렌에서 초칭까지, 식당에 필요한 모든 도구를 이곳에서 구할 수 있다. 전쟁으로 받은 타격에서 회복돼 전쟁 전 시기의 전성기를 능가할 정도로 발전한 지역이다. 이 좁은 거리로 들어가면 순간 홍성한 식당 거리로 착각할 정도의 풍경이 펼쳐진다(그림 3-4).

도구상 거리 동쪽에는 가구 도매상 거리가 있다. 전쟁 후에 생긴 거리다. 짝도 맞지 않는 의자, 소파, 테이블 등 중고 상품을 빼곡히 늘어놓은 점포들. '미나미'는 온갖 식당들이 가장 많이 모인 지역으로, 면적이 협소한 작은 술집이 가득하다. 그 미나미에서 조금 떨어진 곳에 위치한 이 거리에 필요 없어진 가구들이 흘러들어 왔다가 다시 필요한 곳으로 흘러나간다. 가구들의 중계 지역인 셈이다. 지금은 점포의 수가 많이 줄었다. 바와 경양식 식당들이 빈자리를 채우고 있다.

수로와 도매상가

예나 지금이나 가구 거리라면 다치바나도리立花通り다. 기즈강과의 접근성이 좋아서 많은 가구상이 이곳에서 가게를 운영한다. 전쟁 전에는 200곳이 넘었다. 전쟁 때 대부분 불탔지만, 전후 소매업을 중심으로 영업 방법을 개편한 후 다시 번창했다. 지금은 '오렌지 스트리트'라고 불린다. 천장이 높은 가구점 건물을 전용한 의류 로드샵이나 카페 등이 많다. 다치바나도리는 이런 가게들과 고풍스러운 옛 가구점이 공존하는 세련된 구역이다(그림 3-5). 2000년대 이후부터 이 근방에 맨션 개발이 급속도로 진행됐고, 도심회귀*의 수용지가 되었다. 탈산업화와 재산업화가 기

* 교외로 유출되었던 거주 인구가 도심으로 재유입되는 현상이다. 전후 일본의 대도시권에서는 교외로의 인구 유출과 동시에 도심부와 이너시티에 인구 감소가 현저해진다. 그러나 1990년대 후반 이후 도심으로 인구가 다시 유입된다. 그 주요 원인으로 버블 경기 붕괴 후 도심부를 중심으로 한 지가 하락을 예로 들 수 있다. 부동산 가격 하락과 함께 도심부에 거주형 건물이 들어서 새로운 주민들이 거주하게 된다.

그림 3-5 다치바나도리(오렌지 스트리트, 촬영: 도부 아키코)

묘하게 대비하면서 도심 가장자리의 경관을 바꾸는 중이다.

다치바나도리와 마찬가지로 과거의 수로(수운)를 활용한 동업자 집적은 니시나가호리(요쓰바시~스사키바시) 남안에 인접한 재목 도매상 거리에서도 보인다. 원래는 남북 양안 모두에 집적해 있었지만, 메이지 41년(1908) 시 전철이 개설되면서 북안의 업자는 사카이 강境川 근처로 이전하고 남쪽의 업자들만 이곳에서 버텼다. 전쟁이 끝난 뒤부터 집산지 기능이 저하됐지만, 지금도 오사카 목재 회관은 여기 있다. 다리가 없어진 지금도 여전히 도이야바시問屋橋라는 지명은 남았다.

니시나가호리 외에도 도톤보리의 서쪽에는 일반 건축자재 집산지가 있었다. 그래서 연안의 지시마마치千島町 · 고바야시마치

小林町(다이쇼구大正区)에 원목을 취급하는 업자들이 모여들었다. 그리고 고급 목재를 취급하는 니시요코보리도 빼놓을 수 없다. 이에 관해서는 후술하겠다.

도자기 도매상 거리 세토몬초도 수운에 의존했다. 에도시기부터 니시요코보리 강 서안에 도자기를 취급하는 상점가가 형성됐다. 호리 강의 선박 운송에 의존한 입지다. 매년 7월 24일에 열리는 세토모노 마쓰리는 과거부터 매우 유명했다. 쇼와 전전기에는 약 200개의 가게가 모여 있을 정도였다. 하지만 전쟁 시기 강제 소개로 인한 퇴거와 전쟁 피해라는 직격탄을 맞았다. 전쟁 후 재건된 가게는 채 20여 곳도 되지 않았다(아사히신문사 사회부 편, 『오사카 · 지금과 옛날』).

물의 도시에서 길의 도시로

세토몬초의 근방의 이카스리 신사坐摩神社('자마ざま' 신사라고 부른다)와 경내에 히부세토키 신사火防陶器神社가 있다.* 이 신사는 원래 니시요코보리 강에 있는 세토몬초의 제신祭神으로 우츠보미나미도리靫南通 1초메에 있었고, 이후 시 전철 부설(메이지 40년)로 이카스리 신사에 합사되었다가 전쟁 때 소실된다. 쇼와 26년(1951)에 니시요코보리 강가에 새로 세워지지만, 도자기 수송로였던 니시요코보리 강이 매립되고 그 자리에 한신 고속도로 오

* 도자기 도매상인의 수호신을 모시는 신사다. 이 신은 상인을 수호하고 화재를 예방한다고 알려졌다.

사카 1호선이 들어서자 다시 이카스리 신사의 경내로 신령이 옮겨졌다.

이러한 신사의 이전은 수도 오사카의 동업자 거리가 도시 공간 건설 바람에 동요하는 모습을 그대로 보여준다. 도매상 거리의 입지 변동은 오사카의 탈수도화를 상징하는 사건이기도 하다.

니시요코보리 강 매립의 영향을 받은 곳은 세토몬초와 세토기 신사뿐만이 아니다. 혼마치도리에서 요츠바시 동쪽 기슭에 형성된 고급 목재 도매상가 또한 탈수운과 집단 이전을 피할 수 없었다.

이마키 젠스케今木善助 · 이세도 사이치로伊勢戸佐一郎의 『명목빈일기銘木濱日記』는 목재 도매상가의 근대를 생생하게 그려냈다. 이 업종의 황금시대로 불리는 다이쇼기 업계의 활황을 수로의 풍경으로 묘사한 부분을 살펴보자.

> 오사카 시내의 여러 하천과 수로는 목재를 실은 배와 목재를 엮어 만든 뗏목으로 가득했다. 마치 하천이 목재의 저장과 수송을 위해 존재하는 듯한 풍경이다. 시리나시 강에서 사카이 강, 니시도톤보리, 이타치보리, 아와보리, 니시요코보리, 히가시요코보리, 덴마보리 강天満堀川이 목재와 뗏목의 왕래에 힘입어 활기를 띠었다.

이것이 수로를 동맥으로 삼는 '상도商都=수도水都' 오사카다.

본래 니시요코보리에는 일반 건축자재를 취급하는 목재 도매상이 많았다. 다이쇼 12년(1923) 관동대지진 이후 업계 특수 및 세간의 고급화 선호에 따라 고급 목재를 취급했다. 전쟁이 끝난 후, 수운에 기반한 이 도매상가의 풍경이 격변한다.

부흥 사업의 토지 구획 정리와 수로 매립이 대규모로 진행되자 장거리 수송에 적합한 국산 트럭이 양산됐다. 목재 수송 또한 수로 활용에서 육로 활용으로 점차 전환됐고, 거래량 역시 단번에 증가한다. 니시요코보리 일대의 점포는 가게 면적이 협소해서 점포 앞 도로를 목재 저장소로 이용했다. 각지에서 온 트럭의 하역 작업도 가게 앞 도로에서 이뤄졌다. 하지만 도심의 자동차 교통량이 증가하고 노상 주차 금지 및 일방통행 관련 교통 규제가 생기자 교통 체증이 만성화됐다. 목재 시장의 집산 기능이 마비된 것이다.

그 무렵 시마노우치 일대의 철물 도매상도 비슷한 문제에 봉착했다. 쇼와 36년(1961), 업자들은 자동차로 넘쳐나는 도심에서 교외로의 탈출을 모색하고 '철물 도매상 집단 이전 협의회'를 발족한다. 이들은 우여곡절 끝에 쇼와 42년(1967) 후세시 도모이(현 히가시오사카시)에 오사카 철물 단지를 일궜다(시미즈 신이치清水進一 편저, 『오사카 철물 단지 10년의 발자취大阪金物団地十年の歩み』).

니시요코보리의 고급 목재상을 이끌던 이마키 젠스케는 철물 도매상의 움직임을 보고 자극을 받았다. 교통 체증을 해결할 방법이 없어 집단 이전을 검토하기 시작했다. 이때, 쇼와 37년

(1962) 5월 발족한 한신 고속도로 공단이 니시요코보리 강을 매립하고 고속도로를 건설하겠다는 계획을 밝혔다. 업자들은 나가호리 강의 매립을 보며 이 상황을 어느 정도 예상했지만, 설마 니시요코보리 강부터…… 라는 충격을 받기도 했다(『명목빈 일기』).

교통 환경의 악화와 니시요코보리의 매립, 목재상들은 이전을 더 미룰 수 없었다. 그들은 철물 도매상보다 서둘렀다. 쇼와 41년(1966) 3월, 도카이도 신칸센과 요도 강 사이에 있는 미시마군 미시마초 도리카이三島町鳥(현 셋쓰시摂津市 도리카이메모쿠초鳥飼銘木町) 구역에 고급 목재 도매상 단지가 탄생한다.

상술한 도매상 거리의 이전은 자동차의 대중화에 따른 탈수로/탈수운화, 그리고 교외화를 상징하는 사건이었다.

3
새 소비공간의 등장

'미나미'의 확산

섬유의 거리 오사카시 센바에서 오래된 도매상이나 의류가게의 도산이 잇따른다. 일본 최대의 상품 집적지이자 가미가타 문화

上方文化*를 지탱한 거리가 무너지고 있다. 섬유 관련 점포들이 사라진 곳을 식당이 메운다. 도매상은 소매업으로 업종 '변경'을 서두르면서 거리 풍경도 바뀌는 중이다.

2001년 11월 8일 『아사히신문』 기사의 일부다. '섬유상이 사라지고 음식점만 늘어난다. 마치 미나미가 북상해 센바를 삼키고 있는 것 같다'는 의류 도매상 사장의 인터뷰도 인용했다. 이 기사는 변화하는 거리 풍경을 '미나미화'라고 부른다.

2000년 9월 오사카 지역지 『Meets Regional』은 '미나미는 움직인다'는 주제로 특집을 냈다. 유행에 가장 민감한 거리로 변모한 당시의 '미나미센바와 호리에 관한 완전 리포트', '증식하는 미나미'에 포섭된 신마치와 아메리카무라 등으로 지면을 구성했다. 기사는 미나미의 신구 코어 지역에서 더 넓은 주변으로 카페를 중심으로 하는 음식점이나 의류 점포가 입지를 전개하는 모습을 '증식하는 미나미'라고 표현한다.

지역에서만 발간되는 정보지 『Hanako West』는 2000년 11월 '지금 일본에서 제일 드라마틱한 거리/새로운 미나미의 사용법'이라는 제하의 특집을 내고, 규호지久宝寺는 미나미에서 새로운 가게가 출몰하는 지역의 선두, 미나미센바 4초메는 우아하고 세련된 가게가 모인 거리, 신마치新町는 비밀스러운 분위기 밤의 파

* 에도시대 가미가타(교토/오사카를 중심으로 하는 지역)에서 형성된 문화다.

라다이스라는 내용을 소개했다.

현 시점의 우리는 위에서 언급한 곳들을 미나미로 인식한다. 그러나 『Meets Regional』이 쓴 '중심을 벗어난 더 넓은 주변'이라는 표현처럼, 원래 저 장소들은 모두 미나미의 교외였다. 미나미센바 4초메 일대와 미나미호리에는 미나미의 확산을 상징한다. 미도스지의 서쪽, 나가호리도리 북쪽에 위치한 미나미센바는 앞서 본 것처럼 명목 도매상가 거리였다. 버블 경제 붕괴 후 비어버린 건물에 공간 디자인에 힘을 쏟는 식당과 다양한 가게들이 입점하면서 성숙한 소비공간을 형성한 것이다.

미나미호리에의 가구점 거리 다치바나도리(그림 3-5)도 마찬가지였다. 가구점이 떠난 빈 점포들이 많았고 도심에서 떨어져 있어서 임대료가 저렴했다. 이 점에 착안한 도쿄 및 국외 자본이 이곳에 눈독을 들였고, 이에 따라 거리 풍경이 변하고 있다. 이곳은 밤의 거리라는 특색을 가진 미나미에 속하면서도 집합주택이 많다. 그래서 식당보다 생필품 등을 판매하는 가게들이 많아지는 추세다.

2000년대를 거치면서 과거 하나마치였던 기타호리 강과 나가호리 강(매립되었음)의 북쪽 신마치 방면에 새로운 점포들이 입지한다. 오다사쿠나 나베 가쓰유키의 미나미와는 확연히 다른 상업 공간이 형성된 것이다. 그리고 2000년을 전후해서 등장한 이 소비 공간의 계보를 추적하면 '아메리카무라アメリカ村'(일명 아메무라)가 나온다.

'아메리카무라'의 발견

오사카의 번화가 미나미의 귀퉁이에 어느새 아메리카무라라는 쇼핑 거리가 등장한다. 서부극에 나올 법한 목조로 만든 미니 숍이나 쇼와 라이브를 진행하는 라이브 가게들이 늘어서 있다. 이름 그대로 서양의 분위기를 물씬 풍긴다. 여기 상인들은 노렌을 중시하는 나니와 상인과는 전혀 다른 상법으로 돈을 번다. 작은 가게들의 경영자 대부분이 20대다. 주 고객 역시 10대와 20대의 청년들이다. 이미 겨울에 가까워졌지만, 이곳 사람들은 여름옷을 입었다. 국가와 계절에 관한 감각이 어지러워지는 곳이다.

—『주간 요미우리週刊読売』, 1987년 12월

지금으로부터 40여 년 전, '오사카 미나미에 아메리카무라 출현!'이라는 제목으로 10대의 거리 '아메리카무라'의 등장을 알리는 기사가 게재됐다. 지금은 전국의 사람들이 이 거리를 알고 있다.

오사카 미나미에 웨스트 코스트의 바람이 불고 있다. 선탠한 서퍼가 모이고, 아메리칸 라이크한 가게에는 수입품이 넘친다. 젊은이들이 주목하는 거리 오사카, 아메리카무라

—『영 레이디ヤングレディ』 1978년 8월 22일

아메리카무라, 알어? 핫플레이스야

—『여성자신女性自身』, 1978년 11월 16, 23일 병합본

서핑 열기, 러프한 감각의 거리 오사카 · 미나미스미야마치

—『주간명성週刊明星』, 1979년 6월 10일

서퍼들 · 타운 오사카 · 미나미스미야마치 아메리카무라

—『W여성W女性』, 1979년 8월 7일

오사카 · 미나미의 신기한 거리 아메리카무라

—『선데이 마이니치サンデー毎日』, 1979년 8월

주간지의 표제를 나열한 것만으로도 오사카 도심부에 등장한 아메리칸 스타일의 거리가 얼마나 사람들의 시선을 끌었는지 넉넉하게 짐작할 수 있다. 기사가 강조한 것은 미국 서해안 일대의 청년 문화 수용과 그 신선함이었다. 하지만 여기서 주목해야 할 점은 바로 미나미의 거리라는 지리적 자리매김이다.

아메리카무라 지구는 중심 상점가 신사이바시스지의 뒤로 나 있는 미도스지를 사이에 두고 스오마치스지周防町筋의 서쪽에 위치한다. 쇼와 초기 개통되어 시가지 중심부를 남북으로 관통하는 미도스지는 지하철과 더불어 지금도 도심 간선을 이루

그림 3-6 아메리카무라(촬영: 도부 아키코)

고 있다. 주변으로 눈을 돌려보자. 북쪽은 나가호리, 서쪽은 니시요코보리, 남쪽은 도톤보리, 동쪽은 미도스지다. 즉 시마노우치의 남서쪽 모퉁이다. 이 구역은 미도스지 개통 때문에 동쪽과 공간적으로 분리됐다. 그 결과 다른 곳보다 더 주변화됐다고 할 수 있다. 아메리카무라는 주변부 공간에서 형성된 셈이다.

백화점 주차장, 물류 창고, 여관과 호텔 등이 어지럽게 널려 있는 이 일대는 밤이면 인적이 뜸한, 번화나 발전 같은 단어와는 무관한 공간이었다. 이런 공간에 젊은이들이 모여드는 아메리카무라가 탄생한 것이다. '신사이바시스지, 에비스바시스지, 도톤보리, 센니치마에 일대를 일괄하는'(오다 사쿠노스케, 「신경」), 기존의 미나미가 아닌 곳에 움트기 시작한 떠들썩한 풍경. 여성지를 중심으로 한 미디어가 발견한 새로운 미나미의 모습이다.

흥미로운 점은 미도스지를 사이에 둔 스오마치의 동쪽과 서쪽이 대조적인 장소 이미지를 형성했다는 사실이다. '동쪽, 유로피안의 분위기'와 '서쪽, 아메리칸의 분위기'(『여성자신』, 1978년 4월 6일) 같은 표현이 등장하는 이유다. 이후 동쪽은 유로파무라ヨーロッパ村라고 불린다.

자연 발생한 거리?

……차를 몰던 히기리는 뜨거운 커피가 마시고 싶어졌다. 니시신사이바시의 산카쿠 공원 옆에 차를 세웠지만, 찻집은 눈에 띄지 않는다. 지금 아메리카무라의 상징이 된 공원 주변도 당시는 조용한 창고 거리였을 뿐이다. 찻집이 있을 리 만무했다.

—『아사히신문』, 2001년 1월 7일

아메리카무라의 탄생을 논할 때 반드시 소개되는 사람은 쇼와 44년(1969)에 찻집 'LOOP'를 개업한 히기리 마리코日限萬理子다. 찻집을 개업하고 30여 년이 지난 헤이세이 10년(1998), 역시 그녀가 미나미호리에에 개업한 카페 '뮤제 오사카'를 시작으로 미나미가 움직이기 시작한다. 새로운 소비 공간이 기존 미나미 범위를 넘어 분산된 것이다. 그녀는 '거리를 낳은 엄마'였다(『아사히신문』, 2001년 1월 7일). 그녀는 '밤에 뜨거운 커피를 마시고 싶

었다'는 이유로 인적이 드문 스미야마치를 선택했다고 한다. 그녀가 근방의 미나미중학교(현재는 빌딩 빅 스텝ビッグステップ) 출신이라는 점도 영향을 줬을지 모른다(자세한 것은 히기리 마리코의 『아메리카무라의 엄마 히기리 마리코アメリカ村のママ日限萬里子』를 참조하기 바란다). LOOP(쇼와 52년, 바라에테薔薇絵亭로 가게 이름 변경) 경영 당시 마침 '캘리포니아 붐'이 일어나 서퍼 문화 관련 상품 등을 판매했다. 이때 세련된 가게로 젊은이들 사이에서 입소문이 퍼졌다. 가게 주변에 미국 중고 의류품 등을 취급하는 가게 등이 생겨났다. 나아가 페인트로 화려하게 칠한 간판을 거는 점포까지 모여들었다. 그 결과가 쇼와 50년대 중반(1980년 전후)의 아메리카무라 발견 열풍까지 이어졌다.

> 돈을 벌려고 했다기보다는, 그냥 모두 함께 즐기고 싶다라는 방향이 좋았던 거 아닐까요? 그러니 자연적으로 생기고 자랐다고 할 수 있죠.
>
> —『요미우리신문』, 1981년 6월 23일

히기리 본인은 이 거리가 자연적으로 발생했다고 말한다. 하지만 에어 포켓 같은 주변 공간에 젊은이의 거리가 형성된 진짜 이유는, 분명 그녀의 후각(장소 감각)과 거리를 즐기는 발상 그 자체다.

아메리카무라 흥행의 기반 정서였던 서퍼 문화 열풍은 쇼와

50년대 중반을 지나면서 시나브로 식었다. 반면 헌옷이나 잡화를 다루는 프리마켓이 성장하면서 잡화와 음식 관련 점포가 빠르게 증가했다. 당시 친구들과 어울려 아메리카무라를 방문한 다나베 세이코의 묘사를 보자.

> 가게들이 개업한 지 벌써 12, 3년 정도 됐다. 서퍼 붐이 일었을 때, 서핑을 좋아하는 사람들이 미국의 헌 옷이나 재미있는 물건을 수입해서 가게를 열었다.
> 그 무렵에는 가게도 얼마 되지 않았고 동네도 조용한 편이었다. 지하철 신사이바시역에서 미도스지를 넘어 서쪽으로 간다. 동쪽은 신사이바시스지, 도톤보리의 시바이코야, 소에몬초 등이 있어 떠들썩했지만, 서쪽은 가게가 얼마 없어서 가로등이 꺼진 것처럼 어두웠다. 쓸쓸하던 스오마치도리, 지금은 북적북적하고 밝게 빛난다.
>
> —『주간문춘週刊文春』, 1985년 6월 13일

미도스지를 넘어 서쪽으로 아메리카무라. 요츠바시스지를 넘어 서쪽으로 미나미호리에. 나가호리도리를 넘어 북쪽으로 미나미센바. 그리고 신마치. 미나미 고유의 환락적 요소를 소거하면서의 기존의 경계선을 넘어 확산되는 스타일리시한 소비 공간 **미나미**. 도시에는 반드시 에어 포켓 같은 공간이나 틈새가 있다. 그리고 개척자는 입지 선택을 통해 장소에 새로운 가치를 항상

(재)창조한다.

요즘은 우라난바 등, '뒤'라고 불리는 공간이 주목을 받고 있다. 다음에 탄생할 거리는 어디일까?

4장

갈대의 지방으로

유니버설 스튜디오 재팬 근처 공장(2019년 1월, 촬영: 도부 아키코)

1

중공업 지대의 테마파크

고노하나 유니버

사회학자 기시 마사히코가 쓴 화제의 소설 『비닐우산ビニール傘』은 '오후 다섯 시경, 유니버에 손님을 내려주고 시내로 돌아오는 길. 고노하나 구청을 지나 우회전을 한 뒤 작은 다리 위에서'란 문장으로 시작한다.

이 공간에 들른 적은 없지만, 귀에 익숙하지 않은 '유니버'란 단어가 서일본 최대 집객력을 자랑하는 테마파크 '유니버설 스튜디오 재팬'이라는 걸 서문 속 단 두 줄의 풍경 묘사와 지리 정보로 짐작할 수 있었다.

> 고노하나, 니시쿠조, 노다 주변에는 원래 아무도 살지 않았다. 비가 조금만 와도 금방 물에 잠기던 습지대였기 때문이다. 지금은 원룸과 맨션이 많다. 주민 대부분은 지방 출신의 가난한 젊은이다.

자연스레 삽입된 회고조의 혼잣말은, 독자의 무의식이 토지의 이력을 자연스레 스토리로 인식하도록 만드는 효과가 있을 것이다. 이제 이야기를 되돌려 유니버설 스튜디오 재팬을 살펴보자.

유니버설 스튜디오의 오사카 진출 결정 과정을 이해하려면

표 4-1 니시로쿠샤

회사명		소재지	창립연월일	부지 면적(평)	공장 건축면적	종업원
스미토모 전기공업 주식회사		오키지마미나미노초 60	메이지 44년(1911) 8월 1일	75,895	29.095	2,350
스미토모 금속공업 주식회사 제강소		시마야초 406	메이지 34년(1901) 6월 22일	177,000	57,000	3,200
스미토모 화학공업 주식회사 오사카 제조소	가스가데 공장	가스가데초 278-3	다이쇼 5년(1916) 3월 1일	64,500	27,600	2,045
	도리시마 공장	도리시마초 73-1	쇼와 11년(1936) 3월	11,000	4,000	253
히다치 조선 주식회사 사쿠라지마 공장		사쿠라지마 미나미노초 17	메이지 33년(1900) 4월 1일	112,704	35.324	3,521
기차제조 주식회사 오사카 제조소		시마야초 406	메이지 29년(1896) 9월 7일	55,000	21,000	1,654
오사카 가스 주식회사	도리시마 공장	도리시마초 649	쇼와 15년(1940) 1월 29일	76,189		685
	세미공장	가와기시초 1초메	메이지 31년(1898) 11월 3일	13,859		263

헤이세이 6년(1994)으로 거슬러 올라가야 한다. 당시 적극적으로 유니버를 유치한 오사카시와 오사카 재계의 목적은, 오사카 연안의 공동화가 현저했던 '중후장대(철강업 · 중공업 같은 대규모 제조업)' 산업 집적지 재개발과 도쿄 디즈니랜드에 대응하는 집객 시설 설립이었다. 때마침 그해 9월에 간사이 국제공항이 개장하면

서 외국인의 방문 관광 증가가 기대됐다. 우여곡절 끝에 헤이세이 13년(2001) 3월, 오사카만의 오사카시에 세워졌으면서도 명칭에는 오사카를 붙이지 않은 유니버설 스튜디오 재팬이 개업했다. 명칭에 '도쿄'를 전면적으로 내세운 지바현 우라야스시의 도쿄 디즈니랜드와는 대조적이다.

유니버설 스튜디오 재팬이 들어선 고노하나구는 니시요도가와 · 미나토 · 다이쇼 연안에 견줄 만한 오사카시 제일의 공업 지역이다. 특히 고노하나구에는 니시로쿠샤西六社라 불리던 6개의 대공장이 집적한 곳으로, 동양의 맨체스터라 불린 공업 도시 오사카를 대표하는 지역이었다(표 4-1).

가라앉는 지면

임해부의 중공업지대, 주로 니시요도가와 · 고노하나 · 미나토 · 다이쇼는 생산량 증대에 발맞춰 지하수 사용에 박차를 가했다. 그 결과 공장 일대는 어느 곳이나 심각한 지반침하에 시달리고 있었다. 전쟁 전, 심한 곳은 침하량이 10년간 1m에 달했다. 고노하나구의 땅은 최대 조위潮位를 밑돌 정도로 가라앉았다.

쇼와 20년(1945)의 패전 전후에는 물자 부족 및 공습 피해로 공장 조업이 정지되자 이에 따라 지반 침하 현상도 멈췄다. 그러나 쇼와 25년(1950) 한국 전쟁 시기부터 생산 활동이 다시 증진되자 토지 침하가 빠르게 진행됐다. 당시 스미토모 금속 관련 공장의 연간 양수량은 해당 구 전체의 30%가 넘는 양이었다고 추정된다. 역시 니시로쿠샤의 생산 활동은 이 지역에 막대한 영향을 미쳤다. 스미토모 공장이 있었던 구내 시마야초의 경우, 관측이 시작된 쇼와 10년(1935)부터 쇼와 40년(1965)까지의 30년 동안 침하량이 2.5m에 달했다.

그 결과, 거듭되는 해일 피해로 많은 가옥 · 공장이 침수에 시달렸다. 특히 일본 사회에 큰 충격을 준 사건은 쇼와 36년(1961)에 불어닥친 제2무로토 태풍이다. 이때 고노하나 · 미나토 · 다이쇼 임해 3구는 지역 전체가 침수됐다. 쇼와 25년(1950) 9월에 겪었던 제인 태풍 때를 훨씬 웃도는 피해였다. 이때부터 방조제 건설, 지반침하 억제 제도 정비, 공업용수도 건설 등 사회 시스템과 기간 시설 영역 모두에서 근본적인 대책 강구가 시작된다.

이후 방조제, 매립 수로, 조수막이와 수문 등이 구축되며 임해 일대 경관이 크게 달라졌다. 바로 지금의 항만 풍경이다. 『비닐우산』의 묘사 속 풍경, 『비닐우산』에 삽입된 사진 속 풍경 그대로다.

유니버의 광대한 부지는, 1900년부터 조업을 시작한 히다치조선 사쿠라지마 공장의 전신 오사카 철공소와 스미토모 금속 제강소 부지를 전면적으로 재개발해서 확보했다. 즉 지금은 언급되지 않는 메이지 시대 이후의 공업화와 그로 인한 지반 침하, 공장 조업 정지, 공장 부지 이전 등의 중공업 공동화 현상 위에 지층의 최고 자리에 자리한 오락공간 유니버가 자리 잡은 것이다.

오노 도자부로의 오사카

이곳의 지반침하가 심각한 상태로 접어들던 쇼와 초기, 기존 시가지 주변에서 펼쳐진—특히 연안부—공장 지대를 다른 결의 시선으로 본 인물이 있었다. 시인 오노 도자부로다.

> 시마야초 산본마쓰
> 스미토모 제강이나
> 기차 조선소 뒤의
> 쓸데없이 넓은 매립지를
> 모래 먼지를 일으키며
> 시간을 놓친 텅 빈 시영전차가 와서 멈춘다.

시집 『오사카』(1939)에 수록된 「북항해안北港海岸」의 첫 연이다. 시마야초와 산본마쓰는 고노하나구의 지명이다. 스미토모 제강과 기차 조선소는 모두 니시로쿠샤(고노하나구 소재 6대 공장)에 속한다. 이 시는 '바다에서 강에서/바람은 윙윙 대공장 지대의 갈대밭을 휘몰아치고 있다'라는 두 줄로 끝난다. 그는 수변 갈대밭을 포함한 대공장 지대(=서정적 공장지대)를 정감을 담아 '갈대의 지방'이라고 불렀다.

전후 오노는 『오사카』의 개정판으로 오사카 시민 문화상을 수상했다. 그가 쓴 『천객만래千客万来』라는 수필집에 『오사카』를 회고하는 「'갈대의 지방'이여 잘 있거라葦の地方よ, さらば」(1965)라는

홍미진진한 에세이가 수록되어 있다. 『오사카』에서 보여준 시의 세계를, 근대 도시 오사카의 사회 지리에 준거해 공간화하는 그의 시점이 홍미롭다.

> 『오사카』의 라이트모티브Leitmotiv(작품의 주요 동기 및 중심 사상)는 모두 중공업의 가속적 발전, 그리고 발전으로 인해 생긴 실업자나 부랑자 무리, 이 **정점과 저변의 관계로 좁혀지고 있고, 모든 작품의 어디에도 그 중간 지대는 존재하지 않는다.**〔강조는 인용자〕

'정점'은 '우리 오사카 주위에 비정상적으로 팽창하던 끝없이 넓은 중공업 지대의 풍경', 바로 '갈대의 지방'을 가리킨다. 한편 '저변'은 '가마가사키 주변' 혹은 '일본의 저변' 등으로 불렸던 실업자(실업 대책 사업에 종사하는 노동자)와 부랑자의 밀집지대 또는 '가마가사키 부근의 간이숙소 거리ドヤ街에 모이는 하층 생활자'라고도 바꿔 말할 수 있다.

'정점과 저변', 서로의 대척점. 이 어구에서 삼각형의 이미지가 연상될지도 모른다. 하지만 그 중간지대는 존재하지 않는다. 오노의 오사카 공간화는 오히려 동심원 구조로 파악하는 게 적절하다. 예를 들면 시집 『오사카』에서 '인간의 형체와 그림자'가 어울리는 장소는 저변인 가마가사키뿐이다. 또한 '센바, 시마노우치와 같은 도심의 (…) 가장 오사카적이라 여겨지는 부근에서 영위되는 서민의 생활 모습 등의 생활 풍경 등도 처음부터 제외되고' 있었다.

센바의 구게旧家* 문화를 그려낸 다니자키 준이치로谷崎潤一郎의 『세설細雪』을 향해 '현재 오사카는 물론, 당시의 오사카에 대해서도 거의 아무 말도 하지 않은 무연의 문학'이라고 잘라 말할 때, 오노의 거주 감각은 도심의 공간적 존재는 전제하면서도 그것을 뻥 뚫린 구멍과 같은(롤랑 바르트의 말을 빌리면) '공허한 중심' 정도로만 생각했다. 그런 중심과 마찬가지로 작품 세계에 존재하지 않는 '중간지대'란 어디일까. 그것은 아마 니시로쿠샤 동쪽 일대, 즉 니시로쿠샤로 출근하는 수많은 노동자가 사는 사택이나 허름한 연립주택, 또는 노동자와 그 가족의 일상생활을 지탱하는 시장 · 상점가 · 번화가였으리라. 주거 · 상업 · 공업이 혼재하는 그런 지역 말이다. 당시 이런 지역은 기성 시가지를 둘러싸는 형태로 두껍게 형성되고 있었다.

상술한 내용을 참고해서 근대 오사카의 공간 구조를 다음처럼 중심 ①에서 외곽 ⑤로 퍼져 나가는 동심원 구조로 모형화해서 파악할 수 있다.

① 센바 · 시마노우치를 포함한 구 조카마치城下町**에서 유래한 도심부.

* 천황의 조정을 받쳐온 귀족 집안이다

** 성시城市를 뜻한다. 봉건 영주의 성을 중심으로 발달한 도읍이다.

② 메이지 시대 이후 구시가지(①) 주변에 형성된 하층 사회를 포섭하는 도심 주변부. 가마가사키가 대표 지역이다.
③ 도심과 그 주변(1, 2) 바깥에 형성되어 규모가 큰 공장 등에 근무하는 노동자의 연립 주택. 가내공업과 더불어 시장, 상점가, 영화관 등 오락 시설이 입지하는 주 · 상 · 공 혼합지대.
④ '갈대의 지방'(=중공업 지대).
⑤ 지하철 노선 주변의 교외.

이미 말했지만 이 책 『오사카』는 ②와 관련된 ④를 다루고 있다. 그 이유를 지리 · 역사적으로 찾아보자면 ④ 갈대의 지방이 동심원 구조 안쪽에 있는 ③보다 먼저 형성되었기 때문이다. 또한 당시 한큐 · 한신으로 대표되는 사철 회사들이 노선 주변 개발을 진행하고 있었지만, 부르주아 · 유토피아 성격의 교외는 오노 도자부로의 눈에 포착되지 않았다.

오노는 「갈대의 지방이여 잘 있거라」를 식생으로서의 갈대밭이 실제로 소멸하던 그 시기에 썼다. 도쿄올림픽과 그 이듬해의 오사카 만물박람회 개최 등 고도 경제 성장이 한창 위용을 자랑하던 시기의 중앙에서, 그의 사유는 여전히 '갈대의 지방'으로 회귀하고 있었다. 그는 '정점의 팽창'과 '저변의 굄'의 관계가 초판 『오사카』의 시대와 여전하다고 감각했던 것이다.

2
개척지의 풍경

이시카와 에이요의 '주변 지대론'

조카마치 같은 역사성을 띤 중심(핵)을 갖는 도시 대부분은 근대화 과정에서 시가지를 (자연지리적 조건의 영향을 받으면서도) 동심원형으로 확대한다. 그리고 생산과 소비 등 각각의 영역에 따라 공간을 분화하는데, 이때 형성되는 토지 용도나 건조 환경의 차이가 각 도시의 개성으로 나타난다.

이시카와 에이요는 전쟁 전후 활동한 도시 기획자다. 그는 일본의 근대 도시 발전을 나고야를 모델로 한 도시의 사회-공간 구조 분석으로 모델화했다. '주변 지대론'이라고도 불린다.

그의 주장이 선행 연구 분석과 경험적 연구 중 어느 쪽에서 형성된 것인지는 알 수 없다. 그는 조카마치부터 형성된 기성 시가지 근교에는 '주변으로 불리는 지대(=주변 지대)'가 반드시 형성되며, 그것이 바로 '도시의 습성'이라고 주장한다. 이시카와에 따르면 '주변 지대'란 노동자를 위한 저렴한 주택, 생필품을 취급하는 소매점, 그리고 소규모 공장이 과밀하게 혼성된 장소다. 나아가 이 장소들은 도심부를 띠 모양으로 빙 둘러싼다.

그의 논고 「인문지리적 각도에서人文地理的角度から」는 '공장 지대 기능'이라는 개념을 이용해 주변 지대를 다른 각도로 설명했다. 여기서 '기능'은 기능적으로 연관됐다는 뜻 정도로 이해하면

된다.

이시카와는 '나고야시의 소공장은 물가에 분포한다. 이 공장 지대 동서 2km, 남북 4km 반경에 상점 및 주택이 혼재하는 지대(=구시가지)가 생겼다. 새로 생긴 지대는 공장 주위를 띠 모양으로 둘러쌌다'고 말했다. 또한 '이 작은 공장을 발판으로 한 근대적 대공장이 분포했다(아마도 그곳의 노동자들을 거름 삼아)'고 썼다. 그는 이런 공장들의 입지를 중심으로 주변 지대의 윤곽을 확인했다.

이 지점에서 그는 뭔가를 알아차렸다. 공장 지대가 형성되면 빈민 주택지(오노 도자부로가 말한 저변)뿐만 아니라 이른바 사창가까지 연이어 생긴다는 사실을. 나고야에서 사창가는 반드시 공장 지대와 연동하며 주변 지대의 외피, 신흥 노동자군 속에 발생하고 분포했던 것이다.

'주변 지대의 외피'란 도시의 외곽, 즉 시가지화 진행의 최전선이다. 내가 졸저 『하나마치花街』에서 논했듯, 도시화 과정이 전개되면 도심 외곽에 주 · 상 · 공이 혼재하는 형태의 시가지가 형성된다. 동시에 이러한 장소에는 왕왕(때때로 정책적 지원을 받아) 하나마치도 덩달아 생겨난다. 환락의 색채를 진하게 띠는 공간 역시 '주변 지대'를 구성하는 중요 요소였던 셈이다.

오사카에도 이시카와의 나고야 모델화를 적용할 장소가 한 군데 있다. 공장 지대와 기능적으로 연동하는 주변 지대의 외피, 신흥 노동자 주택 지대에 생겨난 사창가, 고노하나구의 지도리바시로 돌아가 보자.

고노하나구의 개척지

도시가 고도로 발전하면 도시의 얼굴은 복잡하게 변한다. 유지됐던 낡은 상태가 해체되고 새로운 면모가 자리 잡는다. 그리고 이 현상을 머금은 개척지가 태어난다.

잡지 『대오사카大大阪』는 쇼와 7년(1932) 7월부터 14회에 걸쳐 「대오사카 개척지 풍경大大阪新開地風景」이라는 기사를 연재했다(표 4-2). 기존 시가지 주변에 형성된 개척지를 탐방한 기록이다. 기사는 '그저 탁상공론으로 쓴 기사가 아닌, 직접 현장을 돌아다니며 쓴 생생한 풍경론'을 내세웠다. 몇 편을 제외하면 이 연재에 등장하는 개척지 대부분이 이시카와 에이요가 말한 주변 지대라고 할 수 있다(게다가 외피에 가깝다). 5회차 연재에 고노하나구(지도리바시 · 시칸지마四貫島)가 등장한다. '한 폭의 풍경론'이라는 표현이 아깝지 않을 만큼 잘 만든 탐방기다. 하지만 지금은 주변 지대에 해당하는 개척지의 특색만 살피기로 하자.

고노하나구의 시가지 북쪽은 현재 대부분이 매립된 쇼렌지 강正蓮寺川이고 남쪽은 아지 강安治川이다. 한신과 시영전차가 연결되는 지도리바시는 현관문 격이다. 저자는 지도리바시에서 걸음을 재촉한다. 시영전차가 지나는 시칸지마오도리四貫島大通り 서쪽으로 향하면서 이 부근이 5, 6년 전까지 끝없이 넓은 초원이었다는 사실을 회고하며 당시 상황을 다음처럼 묘사했다.

표 4-2 「대오사카 개척지 풍경」 일람

저자	타이틀	권호	페이지	게재연월
오제키 이와지	모리쇼지 부근	8-7	133-139	1932년 7월
다케다 도구노리	지부네		139-143	
고마츠 이치로	근대의 색체가 더해진 유경遊境 이마자토 신치	8-8	75-81	1932년 8월
조이 사카키	신한사카이 국도연선 거리	8-10	25-29	1932년 9월
사카이 요시오	탐방기 스타일로 그려내다-지도리바시·시칸지마	8-11	91-99	1932년 10월
와다 유지	니시노다 전망	8-12	50-54	1932년 11월
다카세 요시오	히가시노다·미야코지마·가타마치·사쿠라노미야	8-13	89-95	1932년 12월
고이데 로쿠로	다이쇼구 여기저기	9-1	38-46	1933년 1월
오타키 후유미	아사히구 여기저기, 도시와 시골의 칵테일	9-2	22-27	1933년 2월
사키야마 겐이츠	히라노초에서 교마치보리도리로	9-3	56-61	1933년 3월
구사시 마사오	다마즈쿠리역 부근 히가시오사카의 심장	9-4	59-61	1933년 4월
무라이 다케오	다나베초 부근	9-7	20-22	1933년 7월
곤도 오타가시	유나기바시 부근 풍경 묘사	9-9	57-60	1933년 9월
세코 사다하루	다나베 부근의 개척지	9-11	110-117	1933년 11월

……이곳은 최근 몇 년 동안 상공업 거리로 단장한 개척지로 변했다. 남쪽으로 가면 동남쪽에 다카시마야 십 전 스토어(현재의 100엔샵 같은 일상품 판매 상점)가 나온다. 서쪽으로 더 나아가면 스미요시 시장, 시칸지마 시장이다. 영화관 야마구치자山口座도 빼놓을 수 없다. 그 남쪽이 이바라스미요시茨住吉 신사다.

일대 전체가 '소시민 프롤레타리아 주택지역'의 상업 지구였던 셈이다. 이곳에는 당시 유행하던 카페가 많지는 않았다. 대신 고료리야小料理屋*가 번창했다고 한다. 저자는 인터뷰를 통해 그 이유를 조사했다. 이유는 바로 오사카철공소, 스미토모 신동伸銅 공장, 기차 제조소, 스미토모 전선 제조소, 오사카 체인製鎖 회사, 오사카 화학 회사, 도요방적(시칸지마 공장) 등의 밀집된 대공장이었다. 노동자들은 '유럽풍의 근대적 느낌으로 단장한 카페나 재즈 레코드보다는, 자신의 노래에 흥취를 더해주는 쯔키에리突き襟** 여성을 부를 수 있는 요릿집의 좁은 방을 원했다.

주목하자. 고노하나구에는 이시카와 에이요가 관찰한 나고야와 마찬가지로 공장 지대와 연동하는 사창가가 존재했다.

이바라스미요시 신사 앞에서 동남쪽으로 비스듬히 가면 폭이 약 2m 정도 되는 길로 들어선다. 입구 양쪽에는 새해에 문 앞에 두는 소나무 장식과 비슷한 커다란 분재가 있다. 폭이 4m 정도인 집이 길 양쪽에 늘어섰다.

외관은 요릿집에 가깝지만 사실 이곳은 공공연한 비밀로 묵인되던 사창가였다. '갈대의 지방'은 근대 도시의 정점인 중공업 집적지로, 이곳의 풍경을 장식하는 것은 단지 생산만이 아니었다. 노동자가 생활하는 현장과 밀접한 공간이라는 관점으로 보면, 지도리바시에서 북항北港까지는 도시의 습성이 생생하게 드

* 술과 음식을 제공하는 가게다. 대중적 이자카야보다 상급의 요릿집이다.

** 게이샤나 마이코를 뜻한다.

러난 '주변'이었다고 말할 수 있다.

유니버로 향하는 관광객은 차창으로 이곳을 조망하지만, 쇼와 대오사카의 주변/개척지의 저녁놀에 닿지는 못한다.

3
양석일*의 착각

갈대가 무성한 습지를 개발하다

긴테쓰 나라선을 타고 쓰루하시역에서 한 정거장 지나 이마자토역(이쿠노구)에서 내리면, 비교적 번화한 상점가와 만난다. 이곳의 이름은 '긴테츠 이마자토역 앞 상점가', 위치 정보 그대로다. 상점가를 지나 교통량이 많은 도로를 타고 서쪽으로 조금 더 걸어가면 우측으로 신이마자토 공원이 보인다. 길 건너를 바라보자. '이마자토 신치今里新地'라고 적힌 아치가 보일 것이다. 이 도로, 난바카타에선難波片江線의 남쪽 일대가 바로 이마자토 신

* 양석일梁石日(1936~)은 오사카에서 태어난 재일한국인 2세 소설가다. 부모는 제주도 출신이다. 어릴 때부터 시인을 꿈꾸며 여러 직업을 전전하다가 사업 실패 후 전국을 유랑했다. 이후 헨리 밀러의 『남회귀선』을 읽고 본격적으로 문학의 길에 들어섰다. 도쿄에서 십 년간 택시기사로 일하다가 1980년 시집 『몽마의 저편으로』를 발표하며 본격적인 작가 생활을 시작한다. 이후 그는 재일조선인의 삶과 다양한 사회기층의 삶을 배경으로 하는 작품들을 연달아 발표했다. 주요 작품으로는 『달은 어디에 떠 있는가』(원제: 택시 광조곡), 『피와 뼈』, 『밤을 걸고』, 『어둠의 아이들』 등이 있다.

치다.

에도 시대 이래, 오사카에서 토지나 블록에 '신치'라는 한마디가 붙여진 경우는 대부분 하나마치다. 특히 전쟁 후부터는 이른바 아카센赤線(공창가)이라고 불리는 지구 대부분에 신치라는 명칭을 붙인다. 가령 메이지 초기에 성립된 마쓰시마 유곽을 보자. 이 유곽은 전쟁 피해 때문에 다른 곳으로 이전한 후 '마쓰시마 신치'로 이름을 바꾸고 영업을 계속한다. 또한 도비타 유곽 일대는 공습피해가 상대적으로 미미했고, 이 덕분에 남은 다이쇼기 유곽 건축물을 그대로 사용하며 '도비타 신치'로 이름을 바꿨다.

이마자토 신치는 쇼와 초년(1926)에 철도 선로 주변에 개발된 근교형 하나마치다. 「대오사카 개척지 풍경」 연재 중 3회가 이곳을 다뤘다. 이곳은 자연적으로 발생한 고노하라의 사창가와는 달리 갈대가 무성한 습지를 대규모로 개발한 후 계획적으로 조성한 개척지(=하나마치)였다.

우에마치 대지보다 동쪽의 내륙 습지대. '갈대의 지방'이었다고도 할 수 있다. 중공업은 없었지만 히가시나리구에서 이쿠노구에 걸쳐 매우 복잡한 공정의 분업을 수행하는 셀룰로이드 산업이 집적한 곳으로, 가내 공업을 중심으로 발전한 공업지대였다. 이 지역의 근교에서 대규모 개발을 통해 탄생한 이마자토 신치의 노폭은 각각 12m, 10m, 8m, 6m였다.

여기에서 개발형의 근교 하나마치다운 경관이 출현했다.

그림 4-1 이마자토 신치(1960년 전후)

이마자토 신치의 거리 풍경은 신흥가답게 정연해서 보는 이에게 막힘 없이 시원한 느낌을 준다. 요정의 전면에는 버드나무, 벚나무, 소나무, 마키나무 등의 상록수를 배치했다. 가스가春日 등롱이나 디딤돌에서 세월의 풍류가 느껴지고, 거리가 녹화

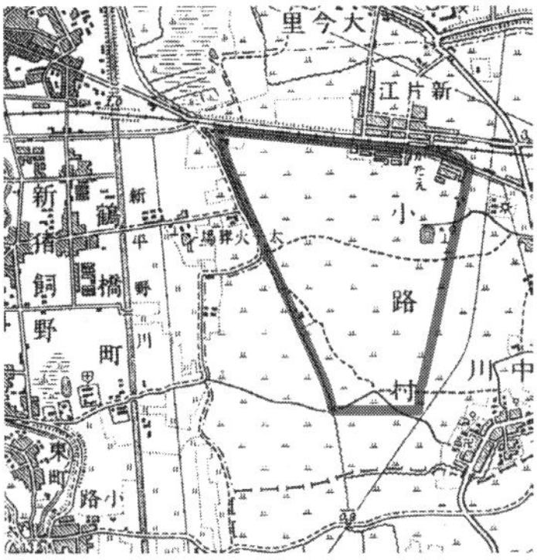

다이쇼 10년(1921)

쇼와 7년(1932)

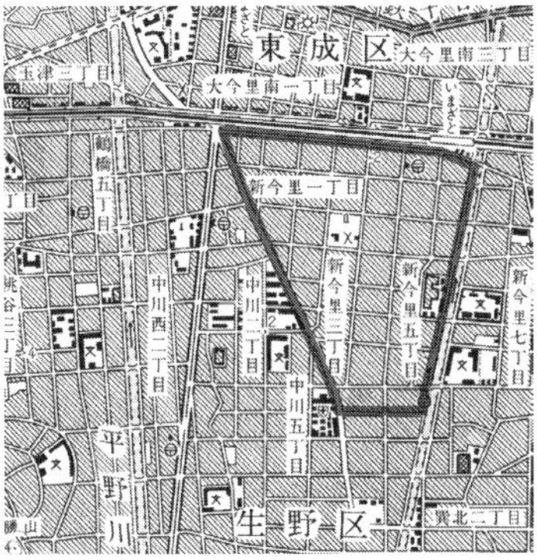

헤이세이 13년(2001)

그림 4-2 이마자토와 그 주변

되고 있어 생기가 넘치고 밝다. 특이한 사항은 요정 건물이 일반 가옥을 개조하지 않고 애초부터 오차야용으로 건축됐다는 점이다. 앞뒤 깊이가 깊다. 일반 가옥과 달리 풍아한 멋을 내세우는 요정 건축의 이키粋와 스이粋*가 이른바 독특한 '이마자토 신치 정서'를 채운다.

—구로사카 마사유키黒阪雅之, 『이마자토 신지 10년사今里新地十年史』

신치 일대에는 게이샤를 불러 연회하는 요릿집(전후에는 마치아이자야待合茶屋로 바뀜)뿐 아니라 각종 식당, 미용실, 당구장, 사진점, 직업소개소, 병원 등 유관 산업이 집적했다.

이마자토 신치의 현재

전쟁 말기의 공습으로 이마자토 신치도 큰 피해를 받았다. 개발 초기의 중심지대였던 북부 대부분이 소실됐다. 그 결과 하나마치 기능이 남반부로 축소됐고, 영업 형태도 이른바 공창(아카센)으로 바뀌게 된다. 아카센**이 커다란 전환을 겪게 된 계기는 쇼와 33년(1958) 4월부터 전면 시행된 매춘 방지법이었다. 하지만 대다수의 아카센은 활로를 제대로 모색하지 못했고, 얼마 지

* 이키粋와 스이粋는 에도 시대, 도시 서민층의 미적·윤리적 이념이다. 스이는 17세기 후반 오사카에서 유행했고, 이키는 19세기 초 에도에서 유행했다. 두 개념 모두 관능성을 기조로 한 도회적이고 세련된 미적 양식이다. 도시 상인들의 취향이라고 볼 수 있다.

** 아카센赤線은 합법과 불법의 중간지대에서 매춘이 이뤄졌던 지역이다. 1946년 연합국최고사령부(GHQ)는 공창폐지령을 선포했다. 이때부터 1958년 매춘방지법 시행까지 이 지역에서는 암묵적으로 공인된 형태의 매춘업이 유지됐다. 다른 지역에서 사창 형태의 매춘업이 이뤄지던 곳은 아오센青線이라고 불렀다.

나지 않아 대부분이 역사의 뒤안길로 사라진다. 이마자토 신치에 지금까지 남은 마치아이자야 건축 일부가 과거의 모습을 묵묵히 증언하고 있다.

> 이마자토 신치는 내가 살았던 화장장이 있었던 이카이노 히가시 2초메에서 도보로 5분 거리다. 예전에는 조그마한 유곽이었다. 겉으로는 게이샤를 불러 술을 마시며, 샤미센과 노래를 즐기는 요릿집이었다. 하지만 실제로는 유곽이다. 나도 연회에 두 번 갔었다.
>
> —양석일, 「이마자토 신치今里新地」

이마자토 신치 근방에서 태어나 자란 작가 양석일의 해설이다. 지금 이마자토 신치를 방문하면, 신치라는 단어가 주는 울림이 연상하기 힘든 풍경을 만난다. 다시 양석일의 이야기를 들어보자.

> 최근, 이마자토 신치를 방문하고는 깜짝 놀랐다. 과거에는 한적했던 요릿집 거리에 불과했던 이곳이 지금은 한국 클럽과 식당의 네온사인으로 빛난다. 내가 한국에 온 건가 하는 착각이 들 정도다. 아직 요릿집도 몇 군데 남아 있다. 주인 할멈이 손님의 소매를 잡아당기는 모습을 보며 나는 왠지 모르게 흐뭇했다.
>
> —「이마자토 신치今里新地」

수십 년 만에 찾아온 그를 착각하게 하고 또 흐뭇하게 했던 이마자토 신치의 거리 풍경. 공원 앞 아치를 빠져나가면 확실히 다른 공간이라고 불러야 할 듯한 거리가 펼쳐진다. 근대 오사카의 조선인 역사를 연구하는 스기하라 도루杉原達는 다른 신치에서 절대 볼 수 없는 이 거리의 특징을 더욱 세밀하게 관찰했다.

> 기껏해야 한 변이 1km가 채 되지 않는 정방형 구역이다. 삼천리, 아리랑은 물론 한국요리 서울집, 요정 경주, 야키니쿠 부산정, 클럽 대구, 이자카야 신제주 등 같은 명칭이 많아 마치 한국의 주요 도시들을 한 번 빙 둘러본 듯한 느낌을 받는다. 그 정도로 조선과 한국 관련 가게가 많다.
>
> —스기하라 도루, 『월경하는 국민越境する民』

한국계 요릿집과 스낵, 클럽은 마치아이를 대체했다. 순환선에서 가까운 쓰루하시와 모모타니가 옛 코리아타운이라면, 외곽의 이마자토 신치는 뉴커머들의 정착지라고 할 수 있다. 거품 경제 시기에 폐업한 미치아이가 잇따라 매입되며 신치의 풍경이 달라졌다. 내가 처음 방문했을 때(1993년)에 비해 많이 줄었지만, 과거 마치아이였을 것으로 추정되는 가옥의 현관 앞에는 분재가 놓여 있다. 가게 이름만 내건 간판도 보인다. 이 풍경들이 동쪽과 서쪽 도로변에 차분한 분위기를 자아낸다. 아직 곳곳에서 이마자토 신치라고 적힌 도색 등롱이 보인다. 그 색과 글씨는 이곳이 여전히 신치임을 말한다.

근교 개발형의 하나마치에서 코리아타운으로, 일찍이 개척지로 불렸던 거리의 변화가 실로 흥미롭다.

5장

미나미의 심층 공간
—보이지 않는 실을 더듬다

신세카이·츠텐카쿠(2019년 1월, 촬영: 도부 아키코)

그림 5-1 아베노~호젠지 요코초(더 북쪽은 그림 3-1 참조)

1

돌에 새겨진 역사

교토 히가시야마 호코쿠뵤

교토시 히가시야마구 교토국립박물관 근처 히가시야마 나나조의 교차점에서 동쪽으로 쭉 뻗은 언덕길을 온나자카女坂라고 부른다. 해발 196m의 아미다가미네阿彌陀ヶ峰로 오르는 언덕 중턱에 교토여자대학교와 그 부속 학교가 있어서 이런 이름이 생겼다.

아미다가미네의 가파른 언덕과 계단을 올라가면 정상의 오륜탑에 도착한다. 도요토미 히데요시의 묘소인 호코쿠뵤豊國廟다. 사망 300주년에 사당을 재건하면서 석탑도 세웠다. 메이지 31년(1898) 4월에 성대하게 개최된 호코쿠사이豊国祭는 문전성시를 이뤘고, 호코쿠뵤는 교토 히가시야마의 명소 중 하나로 자리매김했다.

묘소 재건 때 함께 정비된 산도参道*에 당시 오사카에서 봉납한 석등롱이 지금도 남아 있다. 여대 입구 부근 산도의 양쪽에 설치된 등롱 대좌台座에 깊이 새겨진 글자가 유달리 눈길을 끈다. 오사카의 여섯 유곽. 그 뒤를 둘러보면 메이지 31년(1896)이란 설립연월과 유곽의 명칭(신마치新町, 마츠시마松島, 기타신지北新地, 호리에

* 신사 입구부터 신이 모셔진 당내까지 이르는 길이다.

그림 5-2 아베노 묘지의 기념비

堀江, 미나미코베南甲部, 미나미오토베南乙部)도 새겨져 있다. 메이지 시대 오사카의 주변부에 있었던 유곽들이다.

배례전拝殿이 있는 다이코다이라太閤坦에도 석등롱—석등롱이라고 말하지만 실제로는 대좌만 남았다—이 있고, 대좌에는 센니치마에 발기인의 이름이 새겨져 있다. 센니치마에는 도쿄의 아사쿠사, 나고야의 오스, 교토의 신쿄고쿠, 고베의 미나토가와 개척지 등과 어깨를 나란히 하던 근대 오사카의 대표적인 번화가다. 원래 사형장과 나란히 있던 으스스한 묘지였던 그곳은 메이지 시대의 재개발을 통해 시끌벅적한 거리로 변모했다. 기구한 운명의 장소였던 셈이다.

등롱의 대좌에 적힌 글자는 세월의 영향으로 읽기 어렵다. 다만 묘지 터를 사서 번화가로 키워낸 사람으로 알려진 오쿠다 벤지로奥田辨次郎의 이름이 보인다. 번화가 센니치마에의 초창기를 지탱한 야시* 일동의 연명連名은 문헌자료에서도 보기 힘든 자료다. 오쿠다의 이름을 새긴 석조물은 오사카에도 존재한다. 바로 아베노 묘지(현재는 미나미레엔南霊園)의 '기념비'다(그림 5-2).

아베노 묘지와 센니치마에

아베노하루카스 가장자리에서 아베노스지를 남쪽으로 600m, 한신고속 14호 마츠바라선 남쪽의 광대한 땅에 아베노 묘지가 있다. 묘지는 오사카성에서 남쪽으로 뻗어 있는 우에마치 대지 위에 위치하기 때문에 묘지 부지 내 끝자락에 서면 시가지 남부가 훤히 보인다.

메이지 7년(1874), 센니치마에 있었던 묘지가 이곳으로 이장됐다. 센니치마에의 형장과 묘지 터를 매입해서 그 터를 번화가로 변모시킨 사람은 오쿠다 벤지로다. 그의 이름이 새겨진 기념비와 벤지로 자신의 묘가 아베노 묘지 중앙에 있는 이유다.

묘지 서쪽 끝, 무연고자를 기리는 비석이 보인다(그림 5-3). 요코이자横井座는 메이지 29년(1896) 3월에 개업한, 당시 센니치마에 최대 규모를 자랑하던 극장이었다. 부지 면적 1,700평, 건축면

* 야시香具師는 축제일 따위에 번잡한 길가에서 흥행·요술 따위를 하거나 또는 싸구려 물건을 소리쳐 파는 사람이다.

그림 5-3 요코이자 지하 무연고자 추모비

적 530평의 3층 건물이다. 금빛 범고래 모양으로 마감한 지붕과 돌로 만든 인공 산에 분수를 설치한 뒤뜰 등 온갖 사치를 다 부려 꾸민 극장이다. 시주 요코이 간이치横井勘市는 오쿠다 벤지로와 함께 센니치마에의 초창기를 지탱한 야시 중 한 명이다. 그 역시 호코쿠뵤豊国廟 앞의 등롱 대좌에 이름이 새겨졌어야 마땅한 인물이지만, 요코이자 극장 개장 기념 공연 이튿날 의문의 습격을 당해 죽고 말았다.

요코이자 극장 부지는 시신을 화장한 후 나오는 뼈나 재를 버리는 곳이었다. 어디를 파도 사람 뼈가 나오지 않는 곳이 없어 공사를 할 때마다 유골이 나왔고, 지상으로 나온 유골은 아베노 묘지로 이장했다(『오사카 아사히신문』, 메이지 45년(1912) 3월 13일). 이처럼 아베노 묘지와 센니치마에의 관계는 깊다.

지금부터 센니치마에를 향해 걸음을 재촉하자. 이 노정에는 다채롭고 심원한 장소가 연달아 등장한다. 이곳저곳 들르며 '장소'와 '장소' 간 관계를 하나씩 확인하면서 북쪽의 미나미, 그 중심까지 갈 생각이다.

2
'도비타신치'에서 '신세카이'까지

오사카 니시나리에는, 옛 유곽의 모습이 그대로 남아 있는 도비타신치라는 거리가 있다. 지금은 요정이 됐다. 하지만 다이쇼 시대를 방불케 하는 기루가 옥호명 그대로 여러 골목에 줄지어 남았다. 그곳에는 봄을 파는 여자가 있고, 봄을 찾아 방황하는 남자가 있다.

—오가와 다츠오小川竜生, 『악인 소크라테스極道ソクラテス』

도비타신치의 탄생

아베노 묘지의 가파른 언덕 아래, 남북으로 펼쳐지는 광활한 지대. 여기서 전재를 모면한 곳, 그중에서도 가장 강렬한 인상을 주는 곳은 현존하는 일본 최대의 유곽 '도비타신치'다. 다이쇼 후기 이후 건설된 호화로운 유곽 건축물을 그대로 사용한다. 근대 유곽의 형태와 기능을 현대에 계승한, 유례가 드문 이공간異空間이다.

다케우치 리키竹内力 주연의 인기 V시네마 〈난바 금융전 미나미의 제왕, 유혹의 꽃難波金融伝ミナミの帝王誘惑の華〉(2003년)은, 현실의 도비타신치를 '도요타신지'라는 가공의 무대로 옮겨 미나미의 공간적 단편을 교묘하게 콜라주한다. 오사카스러움이라는 개성을 훌륭히 조형한 작품이다. 최근 이노우에 리츠코井上理津子의 『최후의 하나마치 도비타さいごの色街飛田』(筑摩書房), 스기사카 케스케杉坂圭介의 『도비타에서 살다 유곽경영 10년 현재, 스카우트맨의 고백飛田で生きる 遊郭経営10年 現在, スカウトマンの告白』(徳間書店), 니시모토 히로타카西本裕隆의 『도비타 신치의 사람들 간사이 신치 완전 가이드飛田新地の人々関西新地完全ガイド』(鹿砦社) 등 관련 르포의 출판이 이어져 이곳의 실태가 꽤 알려졌다.

원래 도비타신치는 메이지 45년(1912) 1월의 '미나미 대화재' 때 피해를 본 난바신치 대좌부貸座敷* 130곳의 업자를 구제하고, 시가지의 유곽을 통합 · 정리하기 위해 조성된 곳이다. 정부는 사창 박멸을 위해 부지를 준비하여 다이쇼 5년(1916) 4월에 이곳을

* 대좌부는 남녀가 은밀한 행위를 할 수 있게 방을 빌려주는 영업 형태를 뜻한다. 이때 방뿐만 아니라 여자도 빌려주는데, 일본의 독특한 성매매 형태다. 대좌부 업자는 성매매 여성을 고용해 성매매를 알선하는 포주와 같다.

그림 5-4 도바타신치가 채소밭이었던 시절
(오른쪽 아래 기둥을 보면 '유곽 면허 지정지'라고 쓰여 있다.)

유곽 지구로 지정했다. 당시 이곳은 한적한 채소밭이었다(그림 5-4).

개발은 한난阪南 토지 주식회사가 담당했다. 이 회사는 당시 성행한 투기성 짙은 디벨로퍼(토지건물회사)* 중 하나였다. 디벨로퍼 중에는 땅을 수차례 전매하다가 물거품처럼 사라지는 회사도 적지 않았다.

도비타 유곽 건설은 세 번에 걸쳐 진행됐다. 1기는 다이쇼 7

* 디벨로퍼developer는 보통 부동산 관련 개발사업자를 지칭한다. 공공 디벨로퍼(주공, 토공 등)와 민간 디벨로퍼로 구분할 수 있다. 디벨로퍼는 시장의 수급 상황과 부동산의 잠재력을 정확히 예측하고 판단하여 개발방안을 마련하고, 그 후 단계들(기획, 용지확보, 설계 등)을 거치면서 아무도 눈여겨보지 않았던 부동산의 새 가치를 창조하는 영업활동을 한다.

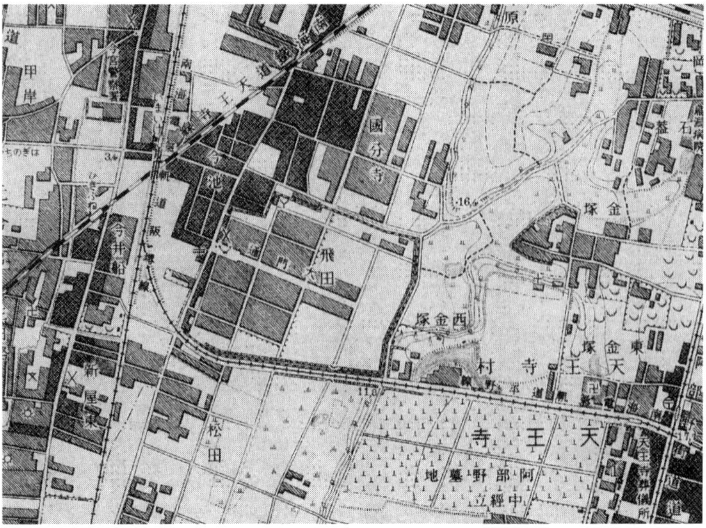

그림 5-5 도비타 유곽과 그 주변
(출처: 대일본제국 육지 측량부 1만분의 1 지형도 '오사카 남부' 다이쇼 10년)

년(1918)에 기루 70곳이 개업하면서부터다. 메이지 초기 마쓰시마 유곽 개설 이후 50년의 공백 기간을 거친 후, 기존 시가지 근교에 새로운 유곽이 탄생한 것이다. 도비타 유곽은 앞장에서 검토한 이마자토 신치처럼 토지경영을 목적으로 한 하나마치 교외화의 선구적 사례다.

2기는 다이쇼 9년(1920)에 개업한 30곳을 중심으로 이뤄졌다. 당시 지도를 보면 동서쪽 오몬도리大門通를 중심축으로 해서, 오몬이 있는 서쪽에서 동쪽(절벽)으로 단계적으로 개발됐다는 사실을 알 수 있다(그림 5-5). 문제는 3기다. 다이쇼 11년(1922) 이후

재해 피해 업주뿐 아니라 신규 개업자까지 허가를 내주는 바람에 이곳의 규모는 약 230곳의 업장에 달하는 수준으로 커졌다(쇼와 15년 시점).

다이쇼 15년(1926), 오사카 토지 건물회사가 한난 토지 주식회사를 대등한 조건으로 합병해서 도비타 유곽 가옥 임대업을 계승했다. 오사카 토지 건물회사는 메이지 44년(1911)에 창립된 토지 회사다. 주로 덴노지 공원 일부를 오사카시로부터 임차해 극장 · 요세寄席* · 요릿집 · 여관 등을 건설했다. 즉 신세카이를 운영하는 회사였다.

흥미롭게도 이 회사는 전등 회사도 해당 부지 내에서 경영했다. 유곽 경영에 웬 전등 회사인가. 유곽의 주 영업시간이 야간이니까 전등이 필수적이라고 생각할 수도 있겠다. 하지만 이 근대 유곽에 대해서는 조금 다른 각도로 봐야 한다.

오사카 토지 건물회사가 도비타 유곽 경영권을 손에 넣었다는 것은 유곽 내 모든 대좌부의 임대주가 됐다는 뜻이다. 대좌부 경영자는 세입자였다. 당시에는 집값 인하를 요구하는 세입자 쟁의가 자주 발생했다. 도비타 유곽 역시 업체들이 결속해 임대료 관련 이의를 제기한다. 이때 회사는 세입자인 기루 주인을 개별적으로 회유해 세입자 조직의 결속을 무너뜨릴 수도 있었다. 여기서 다른 각도로 생각하자. 만일 기루 영업의 생명선과 같은 전

* 요세寄席는 사람을 모아 돈을 받고 재담 · 만담 · 야담 등을 들려주는 대중적 연예장이다.

등을 꺼버리겠다고 협박하면 어떨까. 전등을 사용할 수 없게 되면 당연히 장사도 하기 힘들다. 그래서 세입자는 모회사를 거역할 수 없었다. 오사카 토지 건물회사는 전등 회사 경영을 통해 이 지역 업주들의 생사여탈을 결정할 힘을 손에 쥐고 있었다. 이상은 도비타 유곽의 역사를 잘 아는 K 씨에게 들은 얘기다.

유곽의 경관

> 도비타 유곽은 마쓰시마보다 훨씬 뒤에 생겨서 그런지, 무언가 정서가 깊지 못하다. 콘크리트 기둥으로 세운 정면 대문부터가 부드러운 맛이 없다. 그래도 빈약하나마 버드나무도 있고 중앙 벚나무 정원은 마쓰시마보다 더 널찍하며, 오몬도리에 늘어선 기루의 외관도 꽤 훌륭하다. 이런 부분은 마쓰시마보다 밝은 느낌을 준다.
>
> —기시모토 스이후岸本水府,
>
> 「게이한신 번화가 풍경京阪神盛り場風景」

도비타는 계획에 따라 개발된 유곽이었다. 그래서 대점포(17실), 중점포(13실), 소점포(11실)로 건물 규모를 구분했다. 그래서 이곳의 거리 외관은 통일적이었다. 도비타 경관의 특색이다(그림 5-6). 또 다른 특징으로 유곽을 둘러싼 담장을 들 수 있다(그림 5-5). 기시모토 스이후도 '이 특징은…… 철근 콘크리트의 높은

그림 5-6 쇼와 초기의 도비타 유곽

담이 유곽의 외곽을 둘러싼다. 겨우 대문 한 곳만 열려 주거지와 격리되어 있었다'(「게이한신 번화가 풍경」)고 지적한다. 쇼와 5년(1930)에 재해 대피경로 확보를 위해 남북문의 자물쇠를 풀기 전까지, 이 문은 폐쇄성이 매우 높은 격리 공간의 입구였다.

사카구치 안고坂口安吾는 이 담장이 경찰의 간책이 아니라, (실제로는 토지 건물회사였지만) '기루 주인이 창기가 도망치는 것을 막기 위해 벽을 만들었다'는 사실을 알고 나서 이렇게 말했다.

> 처음 이 담장을 봤을 때부터 생각했다. 담장을 두르는 바보 같은 생각을 한 사람은 여기 기루의 주인뿐일까? 목적은 다를지 몰라도, 오사카 경찰이 이런 담장으로 유곽을 포위하려는 의도

그림 5-7 현재까지 남아 있는 담장(촬영: 도부 아키코)

를 갖지 않았을까 하는 의구심이 머릿속에 떠오르는 것을 막을 수 없었다.

—사카구치 안고, 『안고 신일본지리安吾新日本地理』

근대적 공간관리의 실태를 순식간에 간파하는 그의 장소 감각은 과연 날카롭기 그지없다. 아직 남아 있는 담장 일부가 지금도 이 거리를 둘러싸고 있다(그림 5-7). 담장 안쪽의 주택이 담벼락에 구멍을 뚫어 현관으로 쓰고 있는 모습이 자연스레 눈길을 끈다. 유곽 개업 초기 부설된 난카이 철도 덴노지선과 한사카이선이 이 주위를 둘러싸고, 유곽이 절벽 아래에 위치하는 까닭에 이곳은 이중, 삼중으로 둘러싸인 듯하다.

센니치마에 일대 묘지가 이전한 곳은 아베노 묘지였다. 그리고 아베노 묘지 북서쪽에 도비타 유곽이 형성되면서 근세 도시의 '묘지-유곽'이라는 공간 세트가 재현된다.

사창가와 예인의 거리

> 도비타신치에서 동물원 앞 상점가를 지나 넓은 도로를 건너면 콘크리트 굴다리가 나온다. 굴다리 아래, 노점상이 조촐한 가판을 세워서 색이 바랜 코트나 점퍼, 오랫동안 써서 낡은 라이터나 시계를 근근이 팔고 있다.
>
> —오가와 다츠오, 『악인 소크라테스』

도비타신치 오몬 맞은편의 아케이드 상점가를 북쪽 방면으로 가로지른다. 이곳은 시장이나 상점들이 몰려 있어 독특하게 번잡한 정경을 자아낸다. 신치는 현재의 주소 표기로 산노 3초메에 해당한다. 북쪽의 2초메 · 1초메는 전쟁 전에 세워진 목조주택이 꽤 남아 있다. 하지만 최근 몇 년 동안 건물 개축이 늘었고, 유휴지遊休地도 많아졌다.

사카구치 안고는 '도비타 유곽, 산노초, 잔잔 요코초, 그리고 모든 주변. 사람들이 모인다. 누구에게도 숨길 것 없이 보란 듯 펼쳐지는 매음 풍경의 대진열장'(『안고 신일본지리』)이라고 적었다. 하지만 전후 도비타 유곽은 공창 지구로 변경됐고, 그 주변에는

허가를 받지 않은 사창 지구로 변한 곳도 있다. 산노 일대는 난바 도시조難波利三가 『덴노지무라てんのじ村』에서 묘사한 게닌요코초芸人横丁, 즉 예인들의 거주 공간이었다. 대학 시절, 동창생이 그곳에서 졸업 논문을 썼던 기억이 새록새록하다. 나도 덩달아 그를 따라 인터뷰를 하러 갔었다. 기획사 사무실에서 만났던 그분은 아직 건강하신지.

아케이드 상점가 북쪽 끝(동물원 앞 이치방마치 입구)에 도착했다. 고개를 살짝 드니 츠텐카쿠가 보인다. 신세카이가 얼마 남지 않았다.

다만 지금 이곳의 풍경은 과거와 다르다. 순환선 굴다리 아래에서 짝퉁 상품을 늘어놓고 장사하며 오가는 사람들의 눈을 즐겁게 해줬던 노점상들이 쫓겨났고, 살벌한 공동空洞이 된 듯하다. 근처 길가에서 일간지 등을 팔았던 가판대도 어느새 사라졌다. 변해버린 골목을 빠져나오자 사카구치 안고가 곱창구이 천국으로 불렸던 잔잔 요코초의 입구가 기다리고 있다.

이토아루온나의 선술집 요코초

잔잔 요코초는 신세카이라는 변두리의 환락가에 있는 좁은 로지다. ……신세카이 그 자체는…… 불끈불끈하는 습진부, 또는 손 쓸 수도 없이 털썩 가로놓인 위장이라고도 할 수 있는 곳이다. 잔잔 요코초는 거기에 이어지는 창자 같은 것이다.

—가이코 다케시開高健, 『일본 산문 오페라日本三文オペラ』

신세카이의 창자라는 표현은 참 적절하다. 이 요코초의 원형은 다이쇼 10년(1921), 메이지 말기에 개업한 유흥가 신세카이가 생기고 10년이 지나 완성됐다. 이때 창자 같은 좁은 가로를 만든 이유가 있다. 이 길은 이곳에서 300m 정도 남쪽에 위치한 도비타 유곽에 접근하기 위한 통로다.

유곽에 접근하는 통로라서 그런지, 개통되자마자 식당이 줄지어 들어서는 등 빠르게 번성한다. 눈 깜짝할 사이에 '샤미센 소리가 거리에 흐르는 대중 환락의 진귀한 풍경'(『신세카이 흥륭사新世界興隆史』)이 출현했다. '진귀한 풍경'은 무엇일까?

기시모토 스이후의 표현을 보자. '길 양쪽으로 스무 채가량의 오뎅집이 줄지어 들어와 있다. ……집집마다 감색 노렌에 가게 이름 혹은 조칸上かん*이란 글자를 흰색으로 물들여 내걸었다. 둥글둥글한 제등을 매달고는 꼭 '이토아루온나糸ある女를 부른 비용을 종이에 써서 붙여둔다'(「게이한신 번화가 풍경」). 그렇다면 '이토아루온나'는 누구인가?

> 두세 평 정도의 도마土間** 바닥. 마루를 깔지 않아서 신발을 신고서 들어갈 수 있다. 가운데는 두꺼운 판자로 만든 네모난 카

* 조칸은 일본주를 45°C로 덥힌 것이다.

** 현관과 거실 사이 만들어진 공간이다. 오래된 일본 민가에서 볼 수 있다.

운터 테이블이 놓였다. 손님들은 테이블 밖에 늘어놓은 의자에 앉아 각자의 잔을 든다. 테이블 안쪽에 놓인 냄비에서 어묵을 건져 옆으로 베어 먹으며…… 노래라기보다는 고함에 가까운 소리, 요리사 뒤 맥주 상자에 앉아 손님의 고함과 같은 노래소리에 맞춰 샤미센을 울리는, 그 여자다.

—「게이한신 번화가 풍경」

기타오 료노스케 역시 같은 풍경을 봤다.

……박람회 매점 같은 판잣집 처마 끝에 똑같아 보이는 노렌이 걸렸다. 노렌을 젖히고 가게로 들어가면 L자 모양의 긴 식탁이 나온다. 그 위에는 간토다키關東煮* 냄비가 부글부글 끓고 있다.

창문이 있는 정면 쪽에는 거적을 씌운 술통이 가득하다. 여자가 술통 앞 의자에 앉아 샤미센을 튕기고 있다. 목덜미를 새하얗게 칠한 여자가 손님에게 술을 따라주며 노래하고, 마시고, 또 노래한다.

—『근대 오사카』

번화가를 관찰하는 이들의 시선을 사로잡는 특이한 풍경이

* 어묵 꼬치 요리를 일컫는 간사이 말이다.

생생하게 묘사돼 있다. 이곳에는 도비타 유곽을 다니는 사람들이 잠깐 한잔 걸칠 수 있는 술집이 즐비했다. 사람들은 노렌을 젖히고 들어가서 L자형 카운터 테이블에 앉아 오뎅/어묵을 안주 삼아 한 잔 마신다. 가게 구석에 앉은 여성이 샤미센을 '잔잔' 연주하며 손님의 기분을 돋우고 있었다.

그래서 언제부터인가 이곳을 '잔잔초'라고 불렀다. 그리고 얼마 뒤부터 잔잔초 뒤에 '요코초'를 덧붙여 표기했다.

> 지저분하고 좁은 도로의 양쪽에 비슷비슷한 가게들이 영업 중이다. 초밥, 우동, 구시카쓰, 마작, 장기 클럽, 가이텐야키カイテン焼き(たいこやき), 곱창구이, 한 잔 5엔의 검은 꿀, 점집과 약방. 도쿄의 이케부쿠로 일대와 똑 닮았다.
>
> —하야시 후미코, 『밥』

지금은 이 동네를 걸을 때 이케부쿠로가 연상될 일은 없다. 하지만 전후 『밥』의 주인공 사토고의 눈에 비친 장기 클럽이나 구시카쓰 가게가 늘어선 모습이 바로 이 골목의 원풍경일 것이다.

3
하나마치* 신세카이

잔잔 요코초를 빠져나가자. 로지를 지나 신세카이가 보인다. 텟치리**, 파칭코, 스마트 볼***, 오카마* 바, 호모 바**, 여장 바, 창코나베*** 처럼 부글부글 끓고 있었다.

—오가와 다츠오, 『악인 소크라테스』

환락의 헤테로토피아

오사카를 대표하는 상징 중 하나인 '츠텐카쿠'가 우뚝 솟은 신세카이. 서쪽은 사카이스지, 동쪽은 덴노지 동물원(한신 고속 14호 마츠바라선), 남쪽은 JR오사카 순환선, 그리고 북쪽은 국도 25

* 하나마치는 게이샤와 유녀遊女가 공연과 매춘을 했던 곳이다. 그러나 메이지 33년(1900년) 「창기단속규제」가 시행되면서 특정 지구 내 성매매만이 허용됐다 그 이후부터 매춘은 유곽에서, 공연은 하나마치에서 이뤄진다. 이에 따라 매춘을 하는 창기는 유곽에, 공연을 하는 게이샤는 하나마치에 등록됐다. 물론 게이샤가 유곽에 등록하거나 창기가 하나마치에 등록하는 경우도 있었다.

** 텟치리てっちり는 일본식 복어 전골 요리다.

*** 스마트 볼(smart+ball)은 핀볼의 한 종류다.

* 오카마オカマ는 일본에서 여장남자나 트렌스젠더 등 여성스러운 용모나 말을 사용하는 남성을 일컫는 차별적 용어다.

** 게이라는 용어가 보급되기 전, 남성 동성애자들이 주 고객이던 바를 호모 바라고 했다. 이성애자를 주 고객으로 하는 오카마 바와 구분했다.

*** 창코나베ちゃんこ鍋는 일본 전골 요리다. 채소, 고기, 생선 등 각종 재료를 쓴다.

호로 둘러싸인 직사각형의 블록이다. 중심 츠텐카쿠부터 방사형으로 북쪽을 향해 뻗은 세 개 도로가 인상적이다. 주소는 에비스히가시惠美須東다.

요즘은 죄다 구시카쓰 가게다. 여기도 마찬가지다. 다만 이 거리의 재밌는 점은, 언뜻 보면 잡다해 보이는 독특한 공간들이 서로 위화감 없이 공존한다는 사실이다. 츠텐카쿠 혼도리通天閣本通, 가스가도리春日通, 갓포도리合邦通, 츠텐카쿠 미나미혼도리通天閣南本通, 신세카이 혼도리新世界本通, 신세카이 주오도리新世界中央通, 신세카이 고엔 혼도리新世界公園本通, 벤텐초弁天町, 잔잔 요코초 등의 상점가와 신사카이 시장 등이 뒤섞여 있다.

이뿐만이 아니다. 신사, 대중극장, 가부렌조歌舞練場*였던 건물을 개조한 영화관, 파칭코를 비롯한 유흥시설 그리고 러브호텔까지. 츠텐카쿠 북쪽의 골목에 모여 있는 회원제 스낵**의 간판에도 무심코 눈길이 간다(간판 중에 내 어린 시절 별명이 있었다).

헤이세이 9년(1997), 신세카이에서 두 개의 거대 오락 시설이 탄생했다. '스파 월드'와 입체형 유원지 '페스티벌 게이트'다. 둘 다 신세카이와 무관하다는 듯, 신세카이를 뒤편에 두고 지어졌다. 하지만 오사카시 교통국 소유의 광대한 부지를 토지신탁 방

* 예기나 무희들의 연습장이다.

** 회원만 이용할 수 있는 스낵. 스낵은 술과 함께 가벼운 안주를 제공하는 곳으로 카운터를 사이에 두고 마마(가게 주인)가 접객하는 영업 형태가 대부분이다.

그림 5-8 신세카이. 사진의 정중앙 안쪽에 자리한 스파 월드(촬영: 도부 아키코)

식으로 재개발한 페스티벌 게이트는 기대했던 만큼 흥행하지 못했다. 결국 '부채'라는 유산을 남기고 개장 10년 만에 폐허로 전락한다. 그마저도 지금은 철거됐다. 이 자리에는 거대 파칭코와 할인매장이 들어섰다.

센사카이 주민은 의외로 많다. 헤이세이 12년(2000)의 조사에 따르면 에비스히가시 1초메 일대의 상주인구는 천 명을 넘는다(이후 감소 추세). 그러니 이곳은 거주 공간의 성격도 있다고 볼 수 있다.

후지타 아야코藤田綾子가 쓰루하시 상점가를 묘사하며 사용한 말을 빌리자면(『오사카 '쓰루하시' 이야기大阪「鶴橋」物語』), 신세카이 또한 '잡탕'의 절정이라 불릴 만한 헤테로토피아일지도 모른다.

신세카이는 하나마치였다

그림 5-9는 쇼와 초기의 신세카이이다. 최초로 개발된 츠텐카쿠 남쪽 구역은 극장과 요세를 중심으로 흥청거린 번화가였다. 츠텐카쿠 동서쪽에는 다이니아사히第二朝日, 일본 구락부와 아시베 극장, 가게츠테花月亭 극장, 오바시자大橋座 극장이 있었다. 그리고 히가시나카노초東仲之町(그림 5-10)와 루나파크에는 이로하자いろは座, 다이잔칸大山館, 다이이치아사히第一朝日, 시키시마 구락부敷島俱楽部, 세카이칸世界館, 파크극장, 고라쿠자公楽座, 파크키네마가 몰려 있었다. 목표는 센니치마에와 도톤보리였다.

한편 츠텐카쿠 북쪽은 남쪽보다 늦게 개발됐다. 구역도 남쪽보다 작다. 이곳에는 매점과 식당에 적합한 건물이 많았다. 그중 '마치아이풍의 요릿집'을 보자. 마치아이待合(차야茶屋)는 게이샤를 불러 연회를 여는 가게다. 마치아이로 전용 가능한 요릿집의 건축양식은, 신세카이에 게이샤를 불러 하나마치로 만들려는 개발회사—나중에 도비타 유곽을 경영하는 오사카 토지 건물회사—의 숨은 의도가 반영된 것이다.

다이쇼 11년(1922) 4월, 신세카이의 일부가 '게이샤 거주 지구'로 지정된다. 신세카이는 명실상부한 하나마치가 됐다. 도비타 유곽이 비대해지고 있던 시기다. 전통적 번화가 도톤보리와 센니치마가 난치고카가이와 인접했듯, 이곳 역시 계획에 따라 개발된 번화가, 하나마치가 탄생한다. 난요신치南陽新地다. 시가지 최북단의 하나마치 기타신치의 별칭 기타요北陽와 대응하는 공간

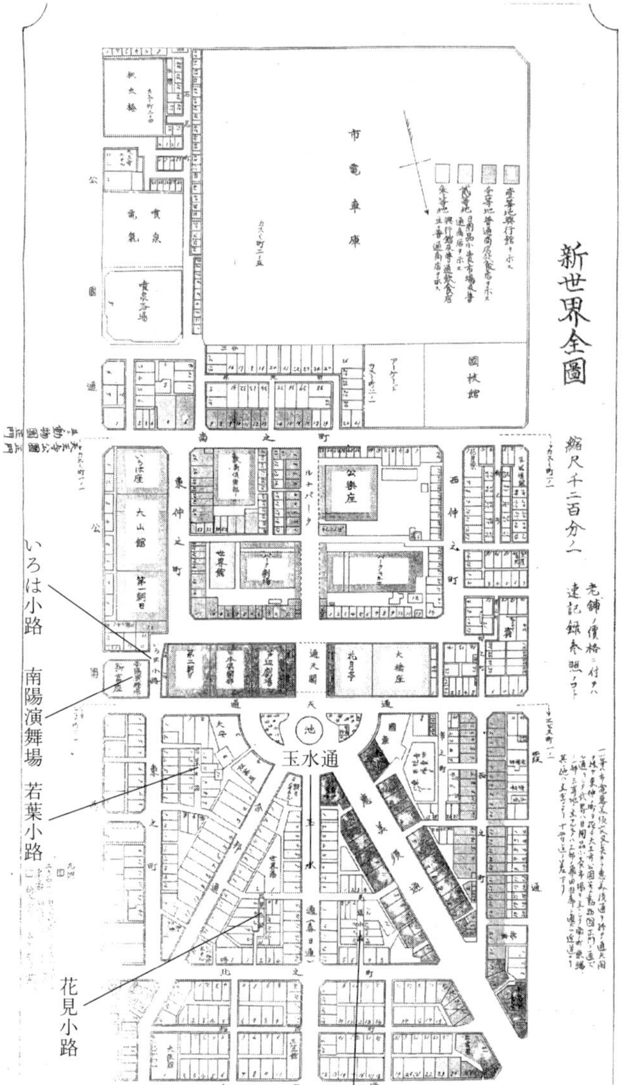

그림 5-9 쇼와 초기의 신세카이 지도. 위에서부터 아래 순서로.

그림 5-10 극장이 모여 있는 히가시나카노초(쇼와 초기)

그림 5-11 츠텐카쿠(쇼와 초기)

적 대치일까.

그림 5-9를 따라 하나마치로 변해가던 당시의 신세카이를 산책해보자. 한복판의 높은 탑은 신세카이의 상징 '츠텐카쿠'다(그림 5-11). 츠텐카쿠의 북쪽은 분수를 설치한 연못과 잔디를 심은 작은 공원이다.

공원 북쪽은 방사형의 블록이다. 에비스도리는 구역 내 최대 상점가로, 북서쪽 모퉁이가 사카이스지에 연결된다. 어스름이 내릴 무렵, 다마미즈도리玉水通(가스가 등롱이 늘어서 있어 '가스가도리春日通'라고도 불렸다), 갓포도리, 그리고 히가시노초를 축선으로 하는 블록을 난요 게이샤南陽藝妓가 오가기 시작한다. 이 일대에 산재한 요염한 이름의 로지—이로하 골목, 와카바若葉 골목, 하나미花見 골목, 미카에시見返 골목—에 주목하고 싶다. 나가이 가후永井荷風가 묘사한 유곽이 신세카이에 재현됐다. 재현의 이유는 간단하다. '마치아이풍의 요릿집'을 구상한 개발회사가 도쿄의 사창가를 시찰한 뒤 그 건축 양식을 남몰래 모방했기 때문이다.

하나마치인 히가시노초와는 대조적으로 에비스도리의 서쪽 뒤편의 니시노초는 블록 전체가 다이쇼 3년(1914) 8월 18일 개업한 신세카이 시장이 됐다. 지금은 셔터를 내린 점포가 많다. 현재 츠텐카쿠 동쪽에 하나마치의 흔적이 뚜렷한 건물이 남아 있다. 그림 5-9를 보라. 고엔도리 근처 이로하 골목의 신토미자新富座와

그림 5-12 난요 연무장南陽演舞場*이었던 영화관 '국제 극장'

난요 연무장이 보일 것이다. 과거 난요 게이샤 온습회温習会**의 무대였던 건물이다. 쇼와 5년(1930), '근세 부흥식近世復興式***' 건축 양식으로 건설된 연무장으로 약 500명을 수용할 수 있었다. 현재는 야한 간판으로 눈길을 끄는 성인 영화관이다(그림 5-12).

* 게이샤들의 춤을 볼 수 있던 극장이다.

** 게이샤의 연습 성과를 발표하는 모임이다.

*** 메이지에서 쇼와 초기에 걸쳐 세워졌던 서양식 건축 양식을 가리킨다.

4
가마가사키와 구로몬 시장

제5회 내국권업박람회의 영향

메이지 45년(1912) 7월 3일 개업한 신세카이는, 제5회 내국권업박람회内国勧業博覧会 회장 터를 재개발해 탄생한 오락 공간이다. 목표는 오사카 최고의 번화가 센니치마에에 필적하는 환락가였다. 교토에서 개최된 제4회 국내권업박람회의 터가 헤이안 신궁平安神宮을 중심으로 한 문화적 색채가 깊은 오카자키岡崎 공원이었다는 사실을 상기하면, 근대 도시 공간을 구상하는 두 도시의 방향성이 실로 대조적이었다는 사실을 알 수 있다.

제5회 국내권업박람회는 메이지 36년에 개최됐다. 회장은 오사카시 남부의 이마미야(현재 덴노지 공원과 신세카이) 일대다. 국내권업박람회의 목적은 산업 진흥이다. 1회부터 3회까지는 도쿄, 4회는 교토, 5회는 오사카에서 열렸다. 이 이벤트는 '오사카의 모든 것을 근대 도시로 이행시켰다'(「게이한신 번화가 풍경」)고 표현할 정도로 오사카시 전체에 큰 영향을 남겼다. 그러니 당연히 회장 근처 지구에 다양하고 심대한 영향을 미쳤다.

신세카이에서 가까운 매력적인 두 거리, 가마가사키와 구로몬 시장도 내국권업박람회와 관계가 깊다. 한쪽은 과도할 정도로 이 관계를 무시했고, 다른 한쪽은 비판 없이 이 관계를 수용했다. 무시와 수용, 이 대조적인 대응이 내국권업박람회의 영향력과 결합한다.

슬럼 니혼바시스지

츠텐카쿠를 빠져나와 구 에비스도리를 거쳐 신세카이를 지나친다. 남북으로 뻗은 번잡한 도로 사카이스지다. 사카이스지는 이름 그대로 도로가 사카이堺를 통해 기슈紀州(와카야마)로 이어진다는 점에서 붙여진 이름이다. 예전에는 기슈가도紀州街道라고도 불렸다. 또한 도톤보리에 놓인 사카이스지의 다리 명칭이 니혼바시日本橋라서 다리 이남의 양쪽 거리를 니혼바시스지日本橋筋로 부르기도 했다. 지금은 도쿄 아키하바라처럼 전자상가나 애니메이션 관련 상점들이 모인 '덴덴타운'이다. 서쪽의 '오타로드オタロード*'와 함께 내외국인 관광객 등 방문자가 엄청난 번화가다.

지금 이 떠들썩한 거리가 예전에는 나가마치長町 또는 나고마치名護町라고 불렸던 오사카 최대 슬럼가였다는 사실을 아는 사람은 거의 없다. 이곳은 시가지 최남단 기슈가도紀州街道를 따라 형성된, 도시의 돌기 같은 블록이었다. 슬럼은 빈곤층이 집단 거주하는 지구로, 거주 및 교육 환경이 열악하다. 메이지 시대 오사카에 전염병(콜레라)이 대유행했던 적이 있다. 이때 니혼바시스지의 일부인 나가마치는 '빈민의 소굴'(=슬럼), 즉 유행병의 원흉으

* 오타쿠, 매니아층을 겨냥한 점포가 몰려 있는 지역을 가리킨다.

그림 5-13 니혼바시스지 '덴덴타운'(촬영: 도부 아키코)

로 지목돼 마을 전체의 해체가 여러 차례 논의됐을 정도로 차별을 받았다(『오사카의 슬럼과 번화가大阪のスラムと盛り場』).

정부는 논의에서 그치지 않고 실제로 움직였다. 메이지 24년(1891) 3월부터 4월까지, 불과 2개월 만에 나가마치에 거주하는 빈민 9,126명을 퇴거시키고, 빈집이 된 2,410호의 가옥을 철거한다. 그리고는 넓고 깨끗한 주택을 건설하는 대규모 재개발사업을 진행했다. 이 사업은 오사카 최초의 슬럼 축출 사업이다.

번화한 '덴덴타운'의 역사적 지층을 조금만 파고들어 가면, 슬럼으로 배제됐었던 나가마치가 그 모습을 드러낼 것이다. 나가마치는 제5회 내국권업박람회를 통해 두 개의 장소—가마가사키 · 구로몬 시장—와 관계를 갖는다.

지도에서 찾을 수 없는 거리

신세카이에서 조금 떨어진 곳, 니시나리구 북부와 나니와구가 연결되는 지점에 간이숙소 거리 가마가사키가 있다.

무려 약 200개의 숙소가 꽉 들어찬 일본 최대의 간이숙소 거리지만, 현재 오사카 지도에는 실리지 않았다. 당연히 그 거리의 이름도 존재하지 않는 상태다.

하지만 이 마을의 풍경 속에는, 그 마을 사람들의 마음속에는, '가마가사키'라는 이름이 뚜렷이 남아 있다.

—오가와 다츠오『악인 소크라테스』

기슈가도 남쪽으로 순환선을 빠져나간다. 야도宿를 뒤집어 도야ドヤ라고 줄여 부르는 간이숙소가 길게 이어진다. '아이린' 지역이다. 그곳은 '일본 최대의 자유 노동 시장'이다. 사람들은 이 일대를 **가마가사키**라고 부른다(스나모리 가츠미砂守勝巳『가마 · 태양 오사카 니시나리カマ·ティダ 大阪 西成』).

최근 10년간 특정 장소 이미지를 연상시키는 가마가사키에 관한 뛰어난 전문서적 출판이 잇따르고 있다. 대표 입문서『가마가사키 추천釜ヶ崎のススメ』을 비롯해 이쿠타 다케시生田武志의『가마가사키로부터釜ヶ崎から』, 하라구치 다케시原口剛의『외침의 도시叫びの都市』, 시라하세 다츠야白波瀬達也의『빈곤과 지역貧困と地域』등이 참고할 만하다. 동시에 전 오사카시 시장 하시모토 도루橋下徹가

재직 시절 제기했던 '니시나리 특구 구상西成特区構想'에 기초한 (대안)마을 만들기에 관한 토론과 실천이 활발하게 진행 중이다.

가마가사키는 간이숙소를 이용하는 일용직 노동자들의 생활공간이었다. 최근 노동자 고령화 현상에 대응하기 위해 간이숙소를 복지 아파트나 관광객을 유치하기 위한 호텔 및 게스트하우스로 전용하는 현상이 급증했다. 현재, 지도에 없는 이 마을은 빠르게 변화하고 있다.

원풍경-도비타의 간이숙소 거리

가마가사키가 세간의 이목을 처음 끈 것은 메이지 40년대(1907~)의 일이다. 관련 신문 기사를 보자.

> 사형장으로 유명했던 도비타에 20채 정도의 간이숙소木賃宿*가 있다. 매일 밤 오사카 시내로 돌아오는 하층 노동자와 거지 등의 패거리들이 지낸다.
>
> —『오사카 아사히신문』, 1910년 2월 25일

> 옛 형장으로 유명한 도비타. 지금은 니시나리군 이마미야 마을이다. 스미요시 가도 근처에 간이숙소가 몇 채 줄지어 있다.
>
> —『오사카 아사히신문』, 1910년 10월 24

* 싸구려 여인숙이다. 에도 시대 이전에는 땔나무(연료) 값 혹은 그에 상응하는 숙박료만 내도 묵을 수 있었던 최하층의 숙박시설을 가리키는 단어였다.

그림 5-14 다이쇼 말기 '가마가사키' 간이숙소(『이마미야초지今宮町志』, 1926년)

기사에 등장하는 도비타飛田(때로 鳶田라고도 표기했다)가 바로 훗날의 가마가사키다. 물론 도비타 유곽(현 도비타신치)과는 다른 장소다. 게다가 유곽의 명칭이 이 지명에서 유래하는지도 아직 명확하지 않다. 간이숙소는 장기 체류(가족생활)도 가능한 일일 숙박시설이다. 공간 형태는 전혀 다르지만, 계보적으로는 현재 간이숙소의 프로토타입prototype에 가깝다(그림 5-14).

그림 5-15를 보자. 조토선城東線(현 JR 순환선의 일부)과 기슈(스미요시) 도로가 가도가 정丁자 형태로 교차하는 지점의 남서쪽에 도비타鳶田라는 글자가 있다. 조토선 북쪽 대지에 훗날 신세카이가 개발된다. 그리고 도비타鳶田의 전田과 기슈가도紀州街道의 기紀

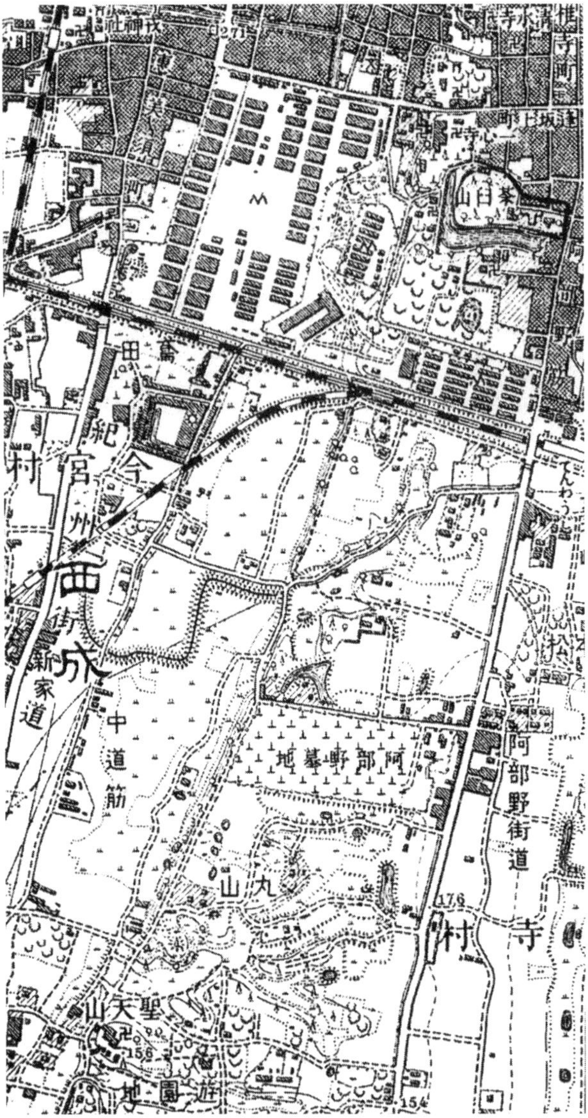

그림 5-15 기슈가도와 도비타(1908년)
(출처: 대일본제국육지측량부 2만분의 일 지형도
「오사카 동남부」 메이지 41년)

사이에 묘지의 지도 기호(⊥)가 보인다.

도비타는 원래 근세 오사카의 '7대 묘지' 중 하나였다(센니치마에千日前도 여기에 속한다). 상술한 것처럼 사형장도 묘지와 함께 있었다. 메이지 시대까지 묘지와 형장 기능을 수행했고, 전염성 질병(콜레라)으로 사망한 복역자를 부검하기도 했다. 도시 주변부에서 특이한 도시 기능을 수행하는 공간이었다.

메이지 10년(1877) 무렵 형장 등의 시설이 이전됐다. 일부 묘지나 매장된 인골이 잔존했지만, 형장 이전 후 이곳은 토지 이용 측면에서 공지에 가까웠다. 하지만 묘지 및 형장이라는 장소 이미지는 쉽게 지워지지 않고, 도비타라는 지명과 함께 집합 기억이 됐다. 메이지 말년에 노동자들이 드나드는 간이숙소 거리가 형성되면서 과거의 '형장 도비타'의 기억도 함께 떠올랐다.

그림 5-15를 다시 보자. 확실히 기슈(스미요시) 도로변 동쪽의 묘지를 등진 곳에 건물이 줄지어 서 있다. 그 후 간이숙소 거리는 도로를 사이에 두고 서쪽 방면으로 확장됐다. 그렇게 일용직 노동자와 그 가족의 생활공간 가마가사키의 원형이 만들어졌다.

가마가사키를 둘러싼 이야기

간이숙소 거리 도비타는 메이지 말기에야 주목받았다. 도대체 간이숙소는 언제부터 그리고 왜 여기서 탄생했을까? 가마가사키의 성립에 관해 어느 정도 현실적인 가설이 존재한다.

……메이지 36년(1903), 현재 지금의 덴노지 공원 · 신세카이 일대에서 내국권업박람회가 개최됐다. 그래서 회장까지 통하는 사카이스지를 확장하고, 이 거리의 슬럼을 제거했다. 메이지 34년 초부터 진행되자 나가마치 주민들은 회장과 멀리 떨어진 가마가사키로 이주할 수밖에 없었다. 이들은 스미요시(기슈)가도를 따라 현재의 아이린 지구에 자리 잡았다.

—오사카부 『오사카 백년사大阪百年史』

제5회 국내권업박람회 개최를 위해 회장으로 연결되는 간선도로 사카이스지를 확장하고, 그 일대의 '슬럼'을 축출했다. 이때 쫓겨난 사람들이 기슈가도를 따라 이동하면서 조토선城東線 건너에 정착한다. 여기가 바로 가마가사키다.

오사카 최초의 대규모 행사 개최 결정으로, 시가지 전반의 인프라 정비 계획이 시작된 건 확실하다. 정비 계획의 현안이 바로 회의장으로 통하는 요충지에 있었던 니혼바시(사카이)스지였다. 당시 니혼바시스지는 도로폭이 좁아서 행사로 늘어날 마차 · 인력거 등을 감당하기 힘들었다. 그래서 회장 주변의 혼잡을 방지하기 위해 도로폭 확장 및 교차로 조정 등의 도로 정비를 계획했다. 이 계획안에 니혼바시스지와 회장 주변의 '빈민촌 조처'가 포함됐다.

하지만 대로와 뒷골목을 불문하고 모든 가옥을 개축하는 대규모 슬럼 축출이 실시된 흔적은 없다. 공사는 도로 확장을 목적으로, 대로변의 건물 정리에 국한됐다. 그러니 빈민으로 지목된 주민이 살던 가옥은 남겨졌을 가능성이 높다(『오사카의 슬럼과 번화가』).

그러므로 현 단계에서는 내국권업박람회 준비를 위해 나가마치 슬럼이 축출됐고, 이때 쫓겨난 주민들이 이주해서 가마가사키를 조성했다는 설은 부정되어야 한다. 가마가사키 최초로 간이숙소가 구성된 것은 메이지 37년(1904)의 일이다. 이때부터 메이지 말기까지 간이숙소가 직접했다. 그러면서 자연스레 일용직 노동자를 중심으로 한 하층 계층이 이곳을 선택했을 수 있다. 상세한 내용은 『가마가사키 추천』 등을 참고하면 된다. 여하간 가마가사키와 나가마치가 나름의 서사 속에서 공간적 연결고리를 이어온 것은 분명한 사실이다.

가마가사키 긴자의 오키나와

……가마가사키에는 오키나와나 아마미奄美* 출신의 노동자가 정말 많다. 서로 협력관계를 맺고 끼리끼리만 모이는 술집도 있다.

—스나모리 가츠미砂守勝巳,

『기마 · 태양 오사카 니시나리カマ·ティダ 大阪西成』

* 가고시마현 남쪽에 있는 아마미 제도에서 가장 큰 섬인 아마미오오시마의 줄임말이다.

구 기슈가도, JR 신이마미야역의 남쪽. 고층화된 간이숙소, 작은 음식점, 니시나리 경찰서, 그리고 산가쿠 공원과 나란히 뻗은 이 길은 간이숙소가 집적된 '도비타鳶田'까지 닿는 가마가사키의 번화가다. 언제부터인가 가마가사키 긴자釜ヶ崎銀座로 불리고 있다. 가마가사키 긴자의 숨은 에피소드를 알려주는 기사를 잠깐 보고 가자.

우리가 볼 것은 오키나와의 일간지 『류큐신보琉球新報』 1967년 10월 1일의 기사다. '가마가사키는 안코アンコ(일용직 노동자)의 거리다'라는 구절로 시작한다. 「어떤 생활」이라는 제목의 연재기사 36회, 일간지는 가마가사키의 대중 식당 마루타카 사장 T 씨(당시 46세)를 인터뷰했다.

나하시那覇市 근교의 오로쿠小禄 출신이라는 T 씨. 그는 열다섯 살 때 '도시로 나가 돈을 벌자. 가난에서 벗어나자'고 결심하고 오사카 상선의 고객선 다이추마루台中丸호에 올라탔다. 마치 가출과 같은 행로의 끝은 오사카였다. 그의 오사카 생활은 요정의 게소쿠반下足番*에서 시작됐다. 이후 부단한 노력을 거쳐 그는 요리사가 된다. 부엌칼 하나로 생계를 이어가야겠다는 목표를 세웠을 때, T 씨는 징집됐다. 그리고 중국 북부에서 종전을 맞이한다. 그는 고향 오키나와가 아니라 실력과 꿈을 키운 오사카로 돌아

* 고급 요릿집이나 료칸에서 손님의 신발을 관리하는 사람이다.

왔다.

그는 기자의 인터뷰에 답하면서 종전 후 자신의 삶을 이렇게 회고했다.

> 행상도 하고…… 모두 고생했지. 다만 난 운이 좋았어. 잿더미였던 가마가사키에 동향인 I 씨가 판잣집을 갖고 있었거든. 난 그 집을 빌려 술집을 시작했어. 이게 대박이 나서 순식간에 한 재산 장만한 거야.
>
> —『류큐신보』, 1967년 10월 1일

그는 쇼와 25년(1950)에 가마가사키의 한복판, 즉 훗날의 가마가사키 긴자의 토지를 샀고 그 2년 뒤에는 자택을 겸한 식당을 세웠다. 그는 아버지의 병사와 셋째 동생의 전사를 개업 이후에야 알았다. 장사가 궤도에 오르자 고향의 어머니와 두 남동생을 오사카로 불러들였다. 위 기사가 게재됐을 때 그의 둘째 남동생은 가마가사키에서 경양식집을, 넷째 남동생은 야채 가게를 운영하고 있었다. 주택 지도를 살펴보니 동생들은 쇼와 40년(1965) 전후에 창업한 것으로 보인다. 오사카 만국박람회를 앞두고 건설 사업이 활발해지면서 가마가사키 역시 한창 활기를 띠던 시기다.

가마가사키에서 개업한 오키나와 출신자는 T 삼형제만이 아니다. 당시 가마가사키 긴자에는 오키나와 출신자가 경영하는

'스탠드바'가 10곳 이상이었다. 흔히 오키나와 출신들이 모이는 곳은 다이쇼구라고 말한다. 니시나리구는 다이쇼구 다음의 오키나와 출신자들의 집거지다(다이라 세키치平良盛吉『간사이 오키나와 개발사関西沖縄開発史』). 그들은 현인회県人会를 조직해서 협력했다. 가마가사키 긴자의 문은 서일본의 크고 작은 섬들을 포함한 원격지에도 넉넉하게 열렸다. 이곳은 전후 오사카에 생긴 모종의 창구였다.

산가쿠 공원의 앞, 동서로 이어진 아케이드 상가에서 좌회전하자. 다시 도비타신치가 있는 산노초로 나오게 된다. 발길을 돌려 사카이스지까지 되돌아가자.

구로몬 시장의 등장

다시 신세카이 북동쪽 교차점에 선다. 과거 사카이스지는 북쪽길을 따라 미쓰코시 · 시라키야 · 마쓰자카야(현재는 다카시마야高島屋東 동쪽 별관)와 같은 백화점이 입지한 시가지 제일의 주요 도로였다. 한신 고속 1호 순환선을 지나면, 전기와 취미의 거리 '덴덴타운'에 진입한다. 예전에는 나가마치 슬럼의 불량 주택 지구를 개량해서 세운 시모데라 주택(통칭 '군함 아파트') 등이 잔존해서 나가마치의 기억을 가시화하고 있었지만, 지금은 사라졌다. 덴덴타운을 걸어도 나가마치의 장소 이미지를 만날 수 없다.

전기 상가의 대형화 · 양판점화가 진행되는 가운데 니혼바시 4초메 서쪽의 니혼바시 5층 백화점과 니혼바시 상점회는 공구,

그림 5-16 구로몬 시장(촬영: 도부 아키코)

부품, 구형의 비디오 데크 등의 다양한 기기를 가득 진열하는 점포가 집적해 독특한 공간을 형성했다.

그곳에서 북쪽 니혼바시 3초메의 교차로를 지나치면 아케이드가 없어진다. 사카이스지를 기준으로 서쪽은 센니치마, 동쪽은 생선 가게가 길가로 늘어선 나니와의 부엌, 구로몬 시장이다(그림 5-16). 역사적으로 보면 유흥가와 슬럼의 시장인 셈이다. 실제로 구로몬 시장의 등장 역시 내국권업박람회 개최로 진행된 시가지 정비와 유관하다.

사카이스지(니혼바시스지)의 원활한 교통 · 운수 확보는 많은 방문객이 예상되는 국내권업박람회 준비의 핵심적인 요소 중 하나였다. 앞서 논했던 것처럼 도로의 확대와 함께 논의된 사안은 바로 이 주변의 빈민 가옥 처리다. 하지만 강제로 빈민을 내쫓고 그들이 나간 빈집을 철거하기는 쉽지 않았다. 당시 제기된 현실적인 문제는, 부근 빈민들이 일용품을 사려고 아침저녁으로 길가에 모여들어 교통 통행을 방해하는 현상이었다. 빈민의 의복과 거동은 시민을 불쾌하게 만들고 나아가 시의 체면을 구길 거라는 우려까지 제기된 상태였다. 결국 시는 현실적이지 않은 빈민 가옥 철거 계획을 철거하고, 시장의 개량을 주장하는 의견에 귀를 기울이기 시작했다.

> 청과물이나 기타 시장이 종종 열린다. 그 결과 일대의 교통이 마비되고 마는 그런 곳이 있다. 오래 이어진 관행이라서 철저한 단속은 어렵다. 하지만 단속이 아예 불가능하지도 않으니, 상응할 만한 단속력을 확보해서 교통 문제를 해소하고 싶다. 그러나 시장만이 문제는 아니다. 길가에 세워지는 노점도 문제다. 그러니 시간을 들여서라도 개량하는 방향이 바람직하다.
>
> —『오사카 마이니치신문』, 1902년 4월 27일

위 기사가 게재되기 몇 달 전, 시장 한 곳에서 교통 문제를 이유로 노상의 업자들을 쫓아냈다. 니혼바시 옆의 시장에서 생긴 일이다. 쫓겨난 생선 판매업자들은 곧바로 길 밖에 시장을 신설하고 영업을 재개했다.

메이지 36년(1903) 내국권업박람회 개최 당시, 정문 도로 부근에서 임의로 청과나 생선을 파는 노점 때문에 도로 단속에 지장이 발생했다. 따라서 상황을 개선하고 수요공급의 편리를 보장하기 위해 이곳에 식료품 시장을 개설하게 됐다.

이것은 오사카부가 다이쇼 8년(1919)에 실시한 현황 조사 때 구로몬 시장이 제출한 '연혁'이다(『식료품 시장조食料品市場調』). 당시 니혼바시스지 시장은 처마 밑 혹은 길가에 빼곡하게 모여든 청과물과 생선을 취급하는 노점들로 형성됐다고 들었다. 이곳의 위치는 내국권업박람회 회장의 정문 도로 예정지였다. 이후 당국의 지시에 따라 노점은 고즈高津로 이동한다. 이들이 세운 점포들이 바로 '구로몬 시장'의 기원이다. 메이지 35년(1902) 3월 15일에 개업한다.

전후, 나미와의 부엌으로 통했던 상점가 구로몬 시장. 이 역시 제5회 내국권업박람회의 산물이었다.

5
'미나미'-연결되는 장소들의 소우주

센니치마에를 향해

센니치마에는 자동차 도로도 자전거 도로도 아니다. 또한 보행자가 걷기 좋게 만든 길도 아니다. 여기서는 길을 걷는 것 자체가 놀이다. 여기저기 기웃거리고 가게 안을 곁눈질하면서 한가롭게 즐길 수 있는 곳이다.

—사카구치 안고 『안고 신일본지리』

1장에서 살핀 것처럼 근세 오사카의 최남단 도톤보리는 시바이코야가 늘어선 유흥 공간이었다. 이후 도톤보리보다 더 남쪽에 묘소 터를 재개발한 번화가 센니치마에가 등장했다. 메이지 시대의 센니치마에는 '센니치마에 발기인'으로서 이름을 올린 행상들이 운영하는 미세모노고야見世物小屋*를 중심으로 하는 잡다한 구역이었지만, 시바이코야의 대형화와 영화 흥행의 힘을 입어 다이쇼 후기 이후 오사카 제일의 번화가로 거듭났다.

센니치마에도리 근처에는 센니치마에의 상징으로 알려진 한 건물이 있다. 현재 빅카메라ビックカメラ가 이 건물을 쓴다. 메이지

* 돈을 받고 구경거리를 보여주는 곳이다.

그림 5-17 낙천지의 옛 모습

말기의 미나미 대화재 이후 폭이 넓은 도로와 시영전차가 부설됐다(현재는 한신 고속 15호 사카이선이 뻗어 있다). 도톤보리에서 남쪽을 향해 일직선으로 이어지는 센니치마에는 남북으로 분리되는 형태다. 그 모퉁이에 '동양 제일의 대오락장'을 자랑하는 낙천지楽天地가 탄생했다(그림 5-17). 이 건물은 쇼와 초기에 재건축되어 가부키자歌舞伎座가 됐고, 전후에는 진주군(미군)의 위안시설로도 쓰였다.

쇼와 47년(1972) 5월, 빅카메라보다 먼저 센니치 백화점이 이곳에 있었다. 하지만 많은 사상자를 낳은 화재를 겪는다. 당시 화재에 희생된 아르바이트 살롱*의 여종업원 중 상당수는 가마

* 전문 호스티스가 아닌 주부나 여성 직장인이 아르바이트로 일하는 카바레다.

그림 5-18 빅카메라 건물이 입지해 있는 구획(구 낙천지 구획, 촬영: 도부 아키코)

가사키 긴자(스미요시 가도) 남쪽의 덴가차야에 거주했던 것으로 보인다(데라시마 다마오 편저寺島珠雄編著『가마가사키 어휘집釜ヶ崎語彙集 1972~1973』). 이 건물은 '프랜턴 난바'로 재건됐다가 현재 빅카메라가 되었다(그림 5-18).

기타오 료노스케는 '센니치마에라는 막연한 명칭은 도톤보리스지에서 남쪽으로 꺾어 가부키자 앞의 전찻길 건널목을 지나 난바의 난카이 빌딩 근처까지를 막연히 걷게 한다'고 적고 있다(『근대 오사카近代大阪』). 번화가를 좋아하는 사람들은 도톤보리를 걷다가 센니치마에로 홀린 듯 끌렸다. 그들은 무덤에서 탄생한 이 번화가를 실컷 걷고 즐겼다. 구 가부키자로에서 난카이 빌딩(난카이 난바역)까지는 지금도 사람들로 가득하다. 오다사쿠가 사

그림 5-19 화재 발생 전의 호젠지 요코초

랑한 간지로 요코초雁次郎横丁도 일부 남아 있다. 오쿠다 벤지로를 비롯한 센니치마에의 발기인들이 가건물을 지었던 곳이다. 센니치마에가 탄생한 땅인 셈이다.

빅카메라 앞에서 센니치마에도리를 건너 북쪽으로 나아간다. 센니치마에라는 지명의 유래가 된 다쿠린지竹林寺. 향냄새를 풍기며 자신이 절, 묘지, 형장에서 탄생했다는 사실을 가느다랗게 전하다가 2008년에 이전했다. 지금 이 터에는 복합 레저시설이 들어섰다.

호젠지에 들러 국자로 뜬 물을 미즈카케후도손水掛不動尊에 뿌린다. 안쪽에 있을 묘지는 벽에 가려 볼 수 없다. 경내 울타리에는 하나마치 난치南地와 관련 있는 가게 및 단체의 이름이 새겨져 있다. 로지를 빠져나오면 오다사쿠가 묘사했던 호젠지 요코초가 나온다(그림 5-19). 두 번의 화재 이후, 여러 부지에 걸친 특정 구획을 하나의 부지로 재조정하는 연담건축물설계제도*를 적용해서 로지 공간을 복원하였다. 오다사쿠의 묘사처럼, 물에 젖은 바닥돌을 깐 길을 따라 동쪽으로 빠져나가면 금세 도톤보리가 그 모습을 드러낸다.

예전에는 '지금까지 도톤보리를 걷다가 길을 남쪽으로 꺾어 센니치마에를 걷기 시작하면 일순간 다른 사람처럼 어딘가 표정까지 변해' 보였다고 하지만(후지사와 다케오藤沢桓夫『나의 오사카私の大阪』), 국내외 관광객으로 넘쳐나는 인파의 얼굴에는 특별한 변화가 감지되지 않는다.

교토의 히가시야마에서 시작된 느린 산책은 여기서 끝난다.

공간적 배제를 위한 교외화

가마가사키에서 노동자로 생활했던 시인 데라시마 다마오는 도쿄의 노동자 거리 야마타니와 오사카의 가마가사키를 도시 주변부라는 공간적 공통성을 중심으로 비교했다(『가마가사키 여행

* 2개 건축물을 동일 부지 내에 있는 것으로 인정해 무접도 부지의 재건축을 유도하는 제도다.

숙소의 긴 거리釜ヶ崎 旅の宿りの長いまち』, 『가마가사키 어휘집 1972~1973』).

먼저 번화가와의 관계를 보자. 신세카이는 메이지 말기에 개발됐고 아사쿠사는 에도 시기부터 흥성했다. 가마가사키와 신세카이는 겹쳐진 공간이지만, 야마타니와 아사쿠사는 서로 약간의 거리가 있다.

두 지역 다 원래 유곽 지역이었다. 유곽에 있어서도 신요시와라는 도비타보다 훨씬 긴 역사를 자랑한다. 하지만 데라시마는 매춘 방지법 시행 후에도 옛 모습을 유지하는 도비타신치가 신요시와라에는 없는 강인함을 가졌다고 생각했다. 두 지역의 공간 구획형도 다르다. 도쿄는 야마타니 → 신요시와라 → 아사쿠사, 즉 북쪽에서 남쪽으로 방사형으로 진행되는 형태다. 반면 가마가사키는 도비타와 신세카이의 연결 각도가 완만한 삼각형이다. 물론 도쿄와 오사카 모두 번화가와 주변부가 가깝고, 근처에 가죽 산업 관련 거리가 위치하는 등 유사한 공간적 특징이 분명히 존재한다.

데라지마의 작업에서 특히 흥미로운 부분은 일용직 근로자 거리와 유곽의 근접성이다. 이 위치 관계는 우연일까. 단정하긴 힘들지만, 오사카의 경우 역사지리적인 조건을 찾을 수 있다. 그것은 모종의 공간적 배제라고 부를 수 있는 교외화다. 관련 행정을 다시 검토해보자.

메이지 초기, 센니치마에의 묘소가 시가지 근교의 고지대로 이전한다. 바로 '남쪽의 새 무덤'이라고 불린 아베노 묘지다. 메이지 중기, 나가마치가 해체되고 빈곤층이 주변화됐다. 메이지 후기, 기존 시가지에서 간이숙소의 영업이 규제 대상이 되면서 당시에는 아직 시외였던 구 도비타 묘지 주변에 간이숙소가 집적했다. 일용직 노동자와 그 가족, 그리고 그들의 거처인 허름한 숙소. 이 모두가 시 중심을 피해 시 근교로 옮겨갔다. 가마가사키가 생겨난 것이다.

유곽 난바신치가 그 뒤를 이었다. 화재 이후 지구 지정까지 어느 정도의 공백기를 거쳐 아베노 묘지와 접해 있는 땅—가마가사키 동쪽에 위치한다—에 도비타 유곽으로 재생했다.

근세 오사카 남쪽 끝의 유곽-묘지-간이숙소, 세 공간의 조합이 약간의 시차를 두고 근대 오사카 남쪽 교외로 옮겨갔다. 과거 자신의 기능을 온전하게 재현하면서 말이다. 주변성을 띤 공간은 기존 시가지의 근교로 이동했다. 가깝지도 멀지도 않은 곳. 이 배치에서 우리는 위생과 도덕에 얽힌 도시지리적 역학(=공간적 배제)의 작동을 감지할 수 있다.

6장

오사카 1990
—미래도시의 30년

오사카 만국박람회 회장 예정지 유메시마(사진은 역자 제공, 2021년 3월 촬영)

요도 강
덴포
지도리바시
니시쿠조
고노하나구
구조
아지카와구치
아지 강
마이시마
유니버설 스튜디오
재팬
유니버설
시티
벤텐초
사쿠라지마
미나토구
카이유칸
유메시마
오사카항
시리나시 강
뉴트램
다이쇼구
트레이드센터
앞
WTC코스모타워
오사카만
기즈 강
사키시마
스미노에구
오스카 드림
1km
야마토 강
스미노에 공원

그림 6-1 임해부臨海部

1
오사카만의 신도심

현재, 시내에서…… 테크노포트 오사카 계획을 비롯한 여러 프로젝트가 진행 중입니다. 제각기 독립적으로 보이는 프로젝트들도 사실은 유기적으로 결속된 것입니다. 이 집적이 역동적인 오사카를 만들어가고 있습니다.

—1990년 당시 오사카시장 니시오 마사야西尾正也,

『오사카시 주요 프로젝트집大阪市主要プロジェクト集』, 1990년

2025년 만박, 꿈의 무대

2018년 11월, 2025년 국제박람회(만박)의 오사카 개최가 결정된다. 1970년 이후 55년 만의 일이다. 중심 테마는 '생명력이 빛나는 미래사회 디자인'이고, 제2 테마는 '다양하고, 몸과 마음 모두 건강한 삶'과 '지속가능한 사회 · 경제 시스템'이다. 시대의 과제를 해결하는 미래상을 제시하는 박람회라고 한다. 회장 예정지는 오사카만에 조성 중인 인공섬 유메시마夢洲다. 만박 오사카 개최 결정 당시 유메시마에는 거주자가 없었다. 상점도 오직 편의점 한 곳만 있었다.

2020년 도쿄 올림픽과 2025년 오사카 만박 개최는 1964년 도쿄 올림픽과 1970년 오사카 만박의 연동과 성공을 재현하려

는 듯한 시도다. 하지만 대회장의 입지조건은 크게 다르다. 과거 대회장은 구릉을 개발해 조성한 센리 뉴타운에 인접했다. 하지만 이번 대회장은 고노하나구의 앞바다를 매립한 인공섬이다. 이름도 유메시마(꿈의 섬)인 무대에서 열리는 이번 만박은, 마치 지금 일본이 과거의 중공업(갈대의 지방)과는 무관하다는 듯 생명과학 분야를 중심으로 한 최첨단 기술의 경연장이 될 것이다.

공식 유치 신청서류 개요를 보면, 155헥타르 넓이의 회장에는 파빌리온 이외에도 '구空'라고 부르는 대광장 5곳이 설치된다. 또한 수로나 가로수 정비 등 쾌적한 공간 연출 작업에 많은 노력을 투입한다. 인공섬이면서도 말이다. 아니, 인공섬이기 때문에 이런 방식의 공간 연출에 더 많은 힘을 들일 수밖에 없다. 바다에 접한 오사카 남서부에서는 아와지섬淡路島이나 아카시明石 해협 대교를 무대로 펼쳐지는 아름다운 경관을 조망할 수도 있다. 다만, 발밑의 바다를 보게 되면 무심코 고개를 돌리게 될 것이다. 여름철 수질은 특히 심하다.

회장의 공간 디자인이 흥미를 끈다. 자연계에 존재하는 기하학적 패턴인 보로노이 다이어그램*을 이용해 파빌리온을 흩뿌리듯 배치한다. 이 비중심성이, 함께 가치를 창출하는 미래사회의 양상을 공간적으로 표현한다는 이야기다. 인공섬을 무대로 연출

* 수학적인 원리로 평면을 분할하는 과정에서 제시되는 그림이다. 평면 위에 있는 여러 개의 점을 찍은 다음에 가장 인접한 두 개의 점을 선택하여 수직이등분선을 그리면 평면이 분할되며 나타난다.

하는 미래사회, 그곳에서 우리는 어떤 시공간을 체험하게 될 것인가.

테크노포트 오사카

1970년 만국박람회(통칭 '오사카 만박') 개최 20주년인 1990년은 국제꽃박람회(약칭 '꽃 만박')가 개최된 해이기도 하다. 이때 오사카시는 『오사카시 주요 프로젝트집』이라는 책자를 발간했다. 위의 인용문은 바로 그 책자에 삽입된 당시 시장 니시오 미사야의 발간사다.

이 문장 속에 지금은 들을 일이 없을 구절(프로젝트명)이 끼어 있다는 사실을 알아차렸는지 모르겠다. '테크노포트 오사카テクノポート大阪' 계획, 이것은 '오사카만의 신도심'이라고 명명하던 『오사카시 주요 프로젝트집』의 서두를 장식하는 사업이었다. 단도직입적으로 말하자. 당시 완성하지 못한 테크노포트 오사카의 뒤처리를 위해 유치한 행사가 바로 2025년 만국박람회다.

유메시마는 1977년부터 조성된 인공섬이다. 조성 초기의 유메시마는 공공사업으로 발생한 잔토와 폐기물을 매립하기 위한 처분장이었다. 1983년 시제100주년市制百周年*을 기념하는 사업으로 워터프런트의 효과적인 토지 구획을 위한 테크노포트 오사카 계획이 발표됐다. 이 계획은 1985년에 골격이 완성된다. 당시에

* 오사카는 메이지 22년(1889)에 시제가 시행된다. 1989년 시제 100주년 기념을 맞이하여 여러 가지 사업 계획이 진행됐다.

는 인공섬의 고유 명칭도 없었다. 그래서 지금의 마이시마舞洲는 북항 북지구北港北地区(고노하나구), 유메시마는 북항 남지구北港南地区(고노하나구), 그리고 사키시마咲洲(스미노에구)의 코스모스퀘어는 남항지구南港地区라고 불렀다. 그렇다면 '테크노포트'는 무슨 뜻일까. 첨단기술 산업의 집적지를 의미하는 테크노폴technopole에서 착안해 기술techno과 항만port을 합쳐서 만든 조어일까. 최초 계획 당시 표방했던 캐치프레이즈는 '세계를 향해 열린 고도정보도시'다. 계획 관련 주요 토지 이용 방안은 첨단 정보 통신 구역(오사카 텔레포트/오피스파크), 하이테크 기업 연구 구역(리서치 파크), 국제거래 · 종합물류 · 국제교류 구역(월드 트레이드 파크) 조성과 문화 · 레크리에이션 · 거주 기능 배치다. 『오사카시 주요 프로젝트집』의 관련 설명을 읽어보자.

> 21세기를 맞이한 오사카가 활력과 매력을 보유한 국제 정보 도시로 발전하기 위해 임해부의 광대한 토지(남항 및 북항)에 첨단적이고 고차원적인 도시기능을 선행적으로 집적한다. 이로써 긴키 · 오사카 도시권의 발전을 선도하는 도시 거점이 조성된다. 사업이 완성되면 주간 인구가 약 20만 명에 달하는 도시가 출현할 것이다.

계획은 산産 · 관官 · 학学이 결합하는 연구 개발 기능, 무역 기능, 정보 · 통신 기능뿐 아니라 고도의 도시 기능(국제적인 수준

그림 6-2 오사카 월드 트레이드 센터 빌딩
(촬영: 도부 아키코)

에 해당하는 컨벤션 센터, 주택, 레크리에이션 시설 등)을 집적하려 했다.『오사카시 주요 프로젝트집』'오사카만의 신도심' 항목은 테크노포트 오사카 계획에 이어 이 계획의 틀 속에 위치한 두 개의 센터를 소개하고 있다. 일본 최초의 국제무역센터인 아시아태평양트레이드센터(ATC)와 테크노포트 오사카의 상징이 될 오사카 월드 트레이드 센터 빌딩(WTC, 별칭 코스모 타워)이다(그림 6-2). 1994년에 ATC가, 그 이듬해인 1995년에 WTC가 연이어 남항에 모습을 드러냈다. 테크노포트 오사카의 핵심 시설이라는 찬사를 받으면서 말이다. WTC는 당시 서일본 빌딩 중 최고 높이인 256m(55층)를 자랑하는 빌딩이었다.

'광대한 공간과 원대한 계획 속에 무르익는 21세기 임해 신도심 **테크노포트 오사카**', 마이시마 · 유메시마 · 사키시마 명명 후의 캐치프레이즈다(1992년). 하지만 21세기 오사카에서 꿈의 '임해 신도심'이 탄생하는 일은 없었다. 오히려 ATC와 WTC 모두 세입자를 찾기 힘들어 개업 초부터 적자가 누적됐다. 그러자 오사카시는 여러 부서를 WTC로 옮겨 '제2의 시청'으로 삼는 승부수를 던진다. 나아가 하시모토 도루 시장은 부청 이전까지 시도하다가 부결당하기도 한다. 우여곡절 끝에 오사카부가 WTC 건물을 매입해서 지금은 오사카부 사키시마 청사로 이용하고 있다. 오사카부의 많은 부처도 이 건물에 입주한 상태다. 또한 ATC는 원래 의미인 '국제무역센터'로서 기능을 잃고, 오사카시의 건설국을 시작으로 여러 부처가 입주하면서 현재는 '오사카 남항 구역의 복합형 상업시설'로 자리매김했다.

한편, 고노하나구 측은 마이시마(회장)와 유메시마(선수촌)를 무대로 사상 첫 해상 올림픽 개최를 시도했다. 그러나 2008년 하계 올림픽 · 패럴림픽 유치 경쟁에서 베이징에 참패를 당한다. 조성 중이던 유메시마의 용도는 아직도 보류 상태다. 최초 구상부터 30여 년의 세월이 지났지만, 아직도 완성되지 않은 유메시마의 현 상태는 그간 이 일대가 겪었던 우여곡절과 좌절을 방증

한다.

지금 이 섬에는 '부의 유산'이라는 꼬리표가 붙었다. 테크노포트 오사카도 어느새 죽은 단어로 전락하고 말았다.

2
다이나믹 오사카와 '부의 유산'

패셔너블한 도시 공간

『오사카시 주요 프로젝트집』에서 '오사카만의 신도심'만큼 눈길을 끄는 항목은 '매력 있는 도시 조성 · 패셔너블한 도시 공간' 부분이다. 이 항목에는 8개의 사업이 배치됐다. 지금 보면 온통 얼굴이 달아오를 정도로 부끄러운 내용이다. 하지만 살펴보자.

① 아메리카무라에 패셔너블한 쇼핑 빌딩
② 전국 최대 스케일의 공유지 신탁
③ 국제도시 오사카 미나미의 현관에 어울리는 도시 기능 집적을 도모
④ 미나미 오사카를 중심으로 터미널에 인접한 지역에 28헥타르 규모 재개발
⑤ 오사카역 앞에 어울릴 만한 매력 있는 지하공간

⑥ 문화, 국제, 정보성 강화에 도움이 될 거점으로 개발
⑦ 21세기의 드라마틱한 꿈의 공간
⑧ 스미노에에 내려앉은 OSAKA의 미래

지명이 있는 경우는 차치하더라도, 표어만으로는 사업 내용을 파악하기 어렵기 때문에 간단하게 정리해봤다.

① 항목의 정식 명칭은 '주오구 니시신사이바시 개발 토지 신탁 사업'(예정 사업비 107억엔)이다. 구 미나미 중학교 철거지를 효율적으로 활용하기 위해 기획된 프로젝트다. 아메리카무라 한복판에 위치했다는 지리적 조건을 살려 '패션 · 디자인 산업의 인큐베이터 거점'으로 형성하겠다는 기대를 했다. 이후 여기에 상업 빌딩 '빅 스텝'이 오픈한다.

②는 '미나토구 벤텐초 역 앞 개발 토지 신탁 사업'(840억 엔)이다. 벤텐초 지구를 부도심 지구로 발전시키려 했다. 이를 위해 '서일본에서 가장 높은 콤플렉스 타워'를 포함한 오크 1~4번가를 건설하는 계획을 세웠다. 1993년, 높이 200m(50층 건물)에 달하는 1번가를 건설하고 '오크 200'이란 명칭으로 개업한다.

③은 '미나토마치 지구 종합 정비 계획'이다. JR간사이 본선 미나토마치역(현재는 지하화된 난바역)을 중심으로 한 (화물 조차장 철거지를 포함한) 일대를 개발했다. 1996년에 OCAT(오사카 시티 에어 터미널)가 개업한다. 간사이국제공항의 개항(1994년)과 연동된

재개발이다. OCAT는 그 이름 그대로 오사카와 간사이 공항을 잇는 결절점으로 자리매김한다.

④는 전후 일본에서 최대 규모를 자랑하면서도 최장 시간이 소요된 '아베노 지구 제2종 시가지 재개발 사업'(2,620억 엔)이다. 기본 계획은 1969년에 발표됐고 사업은 2017년에 종료됐다. 토지 소유권자가 많아 용지 매수에 시간이 걸려 40년 이상의 세월이 소요되었다. 이때 발생한 손실이 약 2,000억 엔에 달한다고 한다.

⑤ '오사카역 앞 다이아몬드 지구 지하 교통 네트워크 정비 사업'(370억 엔)과 ⑥ '니시우메다 지구 개발 계획'(니시우메다 토지 구획 정리 사업, 151억 엔)은 전후 오사카역 앞 시가지 개조의 연장선상으로, 역세권을 재개발하고 토지 이용의 고도화를 도모했다.

마지막으로 ⑦ · ⑧은 모두 '미래의 꿈'과 관련된 표어를 붙였다. ⑦은 '가스미초霞町 차고지 터 개발 토지신탁사업'(749억 엔)이다. 신세카이 남부 시 교통국이 소유한 토지에 놀이 시설과 36층짜리 주택 건물을 병설하려던 대규모 재개발 계획이었다. 이는 후술할 페스티벌 게이트로 귀결됐다.

⑧ 역시 시 교통국이 관장하는 토지를 재개발하는 계획이다. 호텔 건물을 갖춘 지상 20층의 상업시설을 짓는 '스미노에 차고 개발 토지 신탁사업'(223억 엔)이다. 이 사업을 '오스카 드림Osker Dream'이라고 명명했다.

'오사카 1990'의 출발점

요약한 위 프로젝트들 사이에 유기적인 결합이 있었으리라 추측할 수 있지만, 구체적으로 어떤 서로 어떤 관계가 있는지는 분명하지 않다. 이렇게 대규모 재개발을 중심으로 하는 일련의 사업 구상은, 주마 가오루中馬馨의 시정 때인 1967년 책정된 「오사카시 종합계획/기본 구상 1990」(오사카시 종합계획국)에서 그 실마리를 찾을 수 있다.

1989년은 오사카시 시제 시행 100주년이었고, 1990년은 새로운 백 년의 기점이자 미래 도시상을 구축하는 전환점이었다. 「기본 구상 1990」의 목표 중 하나는 관리 중추 기능 강화로, 산업 생산을 기초로 하는 공업 도시에서 탈피하려는 의도다. 앞으로는 생산의 장이 아니라 광역 경제권의 생산을 뒷받침하는 경제 중추 기능 중심지로 자리매김하겠다는 뜻이었다. 이에 따라 금융기관 · 상사 · 생산 회사의 관리 부문과 이를 지탱하는 대対사업 서비스 부문으로 집적 이익Agglomeration Economies을 발생시킬 수 있는 부도심을 개발하고, 다심형 도시 형태로의 이행이 필요했다.

도심에 집중된 업무 기능 분산책으로 가장 중시된 지역은 북부 신오사카역과 서부 벤텐초역 주변이다. 오사카시는 이 두 지구를 새로운 부도심으로 건설하려 했다. 이 밖에도 미나토마치 주변을 통근 교통 센터로 삼아 번화가(신사이바시스지나 센니치마에) 방면과의 접속성을 높인다는 난바 지구 개조 계획, 북쪽 우메다에 대응하는 남쪽 현관문을 만들어 부도심적인 기능과 성격을 부여한다는 아베노 지구 개조 계획이 있다. 아베노 지구 개조는 미나미사이조南斎場와 아베노 묘지를 함께 이전해서 그 철거지를 교통 관련 용도로 전환하고, 아베노스지 거리를 상업 업무 지구로 삼는다는 계획이었다. 아베노 지구 제2종 시가지 재개발 사업을 훨씬 능가하는 대규모 사업을 구상한 것이다.

1990년대 진행된 오사카의 거대 프로젝트 중 신오사카, 벤텐초, 아베노로 대표되는 거점형 개발 구상은 모두 (적어도 방향성 측면은) 「기본 구상 1990」에서 구축됐다.

토지 신탁과 '부의 유산'

'패셔너블한 도시 공간'을 고찰할 때 주의해야 할 점은 ①, ②, ⑦, ⑧의 재개발이 토지 신탁에 기초한 사업이었다는 사실이다. 토지 신탁은, 신탁은행이 토지 소유자를 대신해 시설을 건설하고 관리한다. 이때 임대료를 포함한 수입에서 차입금 변제, 유지관리비. 신탁보수 등을 뺀 수익을 소유자에게 배당하는 제도다. 계약 기간이 만료되면 토지와 건물은 소유자에게 돌아간다.

1986년의 지방자치법 개정으로 지방자치단체는 토지 신탁을 통해 공유지를 활용할 수 있게 되었다. 그러자 공한지 처치 문제로 곤란했었던 오사카시는 반색한다. 시 교통국 소유의 두 토지 ⑦ · ⑧을 둘러싼 개발의 구상부터 현실화가 토지 신탁 활용의 대표적 사례다.

스미노에에 내려앉은 OSAKA의 미래(⑧). 이 무대로 만들어진 게 바로 오사카 드림이다. '21세기 오사카 도시 형상을 선도하는 타운 역할'을 완수하는 것이 기대되고 있었다(『오사카시 주요 프로젝트집』).

표 6-1 토지 신탁에 의한 재개발

사업명	신탁개시(년)	개업(년)	신탁기간 배당 예상(억엔)	배당	경영 동향
오크200	1988	1993	272	X	2014년 적자 637억 엔을 시가 보상 2015년 86억 엔에 매각
빅스텝	1989	1993	259	O	2007년 167억 엔에 매각
오스카 드림	1991	1995	263	X	2014년 부채 283억 엔을 시가 부담 2015년 13억 엔에 매각
페스티벌 게이트	1991	1997	57	X	2004년 경영파탄 부채 380억 엔 중 200억 엔을 시가 부담하고 청산 2009년 14억 엔에 매각

'Dramatization' 드라마티제이션(만남, 창조성)

'Reliability' 릴라이어빌리티(안심, 신뢰)

'Education' 에듀케이션(지성, 문화)

'Amenity' 어메니티(즐거움, 평온함)

'Marketability' 마케터빌리티 (시장성, 실효성)

영어 표기가 난무하는 등, 지금 보면 기이한 점이 많다. 하지만 당시는 매우 진지했다. 5개 테마를 축으로 해서 오사카 미래를 선도하는 중심 지역을 조성하기 위해 민간 활력의 활용(토지 신탁)을 시도한다. 오사카 드림의 신탁 기간 30년간의 배당 예상액은 263억 엔이었다. 이 금액은 입지가 좋은 순환선 벤텐초역 인근 오크 200과 비슷하다(표 6-1).

오사카 드림에 대한 이러한 큰 기대치는 당시 거품 경제의 영향 때문이기도 하지만, 진짜 이유는 바로 입지 조건이었다. 스미노에 차고지 부지는 뉴트램(남항 포트 타운선南港ポートタウン線)의 스미노에 공원역 근처였으며, 한창 개발을 시도하던 테크노포트 오사카의 입구와 같은 위치였기 때문이다. 1995년, 호텔 한신이 주 임대자로 입주하면서 오사카의 미래를 건 오사카 드림(그림 6-3)이 개업한다.

한편, '신세카이를 나니와의 브로드웨이로'라는 슬로건으로 사업화를 시작한 페스티벌 게이트(통칭 페스게フェスゲ)는, 2층부터 6층까지 천장이 뚫린 건물 안을 시속 100km로 돌아다니는 롤러코스터 등 신기한 놀이시설을 앞세운 실내형 입체 유원지로, 1997년에 문을 열었다. 도시형 유원지라는 착상은 1989년경에 시작됐다. 거품경제가 절정(종말)에 다다른 시기다. 츠텐카쿠의 바로 옆인 신세카이와 인접해 있다는 지리적 이점이 이런 호화로운 계획으로 이어진 걸까.

입장료가 없는 도시형 유원지. 당연히 많은 사람이 몰렸다.

개업 초반, 목표를 웃도는 집객에 성공했다. 하지만 2000년 전후부터 적자가 나기 시작한다. 부지가 좁아 놀이기구를 늘리지 못했고, 리뉴얼에도 어려움을 겪어 개업 초반의 화제성은 순식간에 퇴색했다. 결국 2004년, 개업 7년 만에 경영이 파탄 나고 말았다.

오사카 드림도 그 뒤를 따라 2007년에 사실상의 파산 상태에 놓였다. 세입자가 늘지 않아 임대료 수입을 제대로 얻지 못한 채 부채만 늘었기 때문이다. 오사카시는 양쪽을 합쳐 약 600억 엔에 달하는 부채를 부담해야 하는 상황에 빠졌다. 오크200의 사정도 다르지 않았다. 적자 총액이 600억 엔을 초과했고, 오사카시는 적자를 보상한 후 매각했다. 유일하게 배당을 기록했던 빅 스텝 역시 2007년 매각된다.

오사카 테크노포트의 중심인 WTC · ATC와 함께 오사카 1990를 장식한 토지신탁사업 일체는 신탁 기간 만료를 기다릴 필요도 없었다. 시 정부는 배당을 거의 받지 못했다. 민간 활력을 활용하기는커녕 쌍방 소송이 난무하는, 그야말로 '부의 유산'이 됐다. 시장성이나 실효성은 달성되지 않았다. 만남, 공연성, 즐거움, 편안함을 제공하지 못했고, 안심과 신뢰도 얻지 못한 채 모든 자산을 매각할 수밖에 없었다. 다이나믹 오사카, 공염불이었다.

여기까지가 한때 꿈꿨던 '21세기 오사카 도시상'의 현실이다.

3
도시의 공간구상과 '장소'

글로벌화 시대의 도시

오사카의 1990년대. 규제 완화에 힘입어 도시 정부와 금융기관이 결탁했다. 도시 정부는 마치 요술 망치와 같았던 토지신탁을 활용해서 거대한 자본을 흡수한다. 이렇게 창출된 도시 개발 환경을 통해 도시 경관은 국소적이지만, 눈부시게 재탄생했다.

1990년대는 밀레니엄을 앞두고 세계화 담론이 몰아쳤던 시기다. 『오사카시 주요 프로젝트집』과 함께 1990년에 만들어진 「오사카시 종합계획21」에서는 '국제경제의 네트워크 중추', '세계와 함께하는 국제도시', '정보사회로의 선구적 도시' 등, 국제나 세계라는 단어가 넘쳐흘렀다. 상대적으로 서일본의 관리 중추 도시라는 입지를 덜 강조하는 모습이다. '국제 도시이자 오사카 도시권의 중추 도시에 적합한 산업 · 경제 기반 구축을 시작으로, 더욱 고차원적인 도시 기능을 강화하기 위해 도심 지역을 재편 · 강화하면서 테크노 포토 오사카 계획 지구를 중심으로 신도심의 육성을 도모하겠습니다'라는 식이다.

1990년이 반환점이었다. 1990년 전후 30년을 조망하면, 도시 공간의 시각적인 부분(경관)과 함께 오사카 자체의 위치도 크게 달라졌다. 고속 교통기관의 발전으로 모든 것이 도쿄에 집중되면서 오사카는 이중 공동화를 경험했다. 제조 부문만 유출된

게 아니다. 복수複數 본사 제도를 시행하는 기업이 늘어났는데, 이 제도는 사실상 본사 기능 유출을 뜻한다. 도쿄에 대한 오사카의 경제적 열세가 심화한 것이다(아베 가즈토시阿部和俊, 「도시의 성쇠와 도시 시스템의 변용都市の盛衰と都市 システムの変容」).

'주요 관리 기능이 수위 도시에 집중되는 도시 시스템에서 오사카의 본사 입지는 건투 중이다'라는 견해도 있었다(오사카 부립 산업 개발 연구소, 『오사카의 기업 본사 기능에 관한 앙케이트 조사 결과 보고서』). 실제로 도시 중추성이 뛰어난 것도 아니었다. 게다가 견고한 산업 기반도 없었다. 오사카가 '지역적인 대도시'에 지나지 않는다는 의견에 조금은 납득이 간다(가모 도시오加茂利男, 『세계 도시世界都市』).

상술한 지리적, 역사적 맥락 속에서 오사카 1990의 주요 프로젝트를 한 번 더 되짚어 보자. 장대한 꿈을 투영한 주력 프로젝트 사이에 유기적 연결이 없었다는 점은 분명하다. 도시 공간은 도시 정부 주도의 대형 프로젝트만으로 구축되지 않는다. 하지만 단편적이라도 미래 도시상을 제시하는 공간 구상은 두고두고 많든 적든 나름의 영향력을 갖는다. 이를 물질적인 힘이라고 말해도 좋다. 이 힘은 규모의 차이를 떠나 구체적 공간을 생산하는 기초일 수 있다.

1980년대에 등장한 테크노포트 오사카 계획은 3개의 인공섬에 첨단 기능을 분담해 신도심을 세우려는 공간 구상이었다. 이미 살펴본 것처럼, 3개의 인공섬은 21세기 세계화 사회에 대응하기 위해 준비한 공간이다.

한편 구시가지(도심지역)는 교통 결절점을 중심으로 한 대규모 재개발로 도시의 중추성을 보장할 수 있는 거점 창출을 고민했다. 관련 지역은 오사카역 주변(우메다), 난바, 덴노지(아베노), 또 신오사카와 벤텐초의 역 주변 등이다.

신/구 공간 관련 구상의 특징은, 단지 토지 이용의 고도화가 아니라 '높이'를 향한 갈망을 노골적으로 드러낸 것이다. WTC와 오크200은 물론, 오스카 드림과 페스티벌 게이트 역시 랜드마크 역할이 가능한 고층 건물로 계획됐다. 면적 규모로 토지 이용 고도화를 시도한 아베노 재개발의 부족한 높이를 보충하듯, '아베노 하루카스'는 우뚝 솟아 있다. 탑을 향한 이 의지는 도대체 무엇 때문일까.

장소로부터의 발상

독자 여러분, 사키시마 청사 코스모 타워(WTC) 혹은 토지 신탁의 매물 대상지를 직접 방문해 보시길 권한다. 여기에 쓰인 것 이상의 문제를 직접 느낄 수 있을 테니.

2015년에 매각된 오스카 드림(그림 6-3)을 보자. 뭔가 고급과는 거리가 멀어 보이는 아트리움 건물 양식만 인상에 남는다. 버스 터미널까지 병설한 복합상업시설이다. 하지만 아무리 주변을 둘러봐도 임해 신도심 테크노포트 오사카 계획의 현관문이라는 입지, 곧 다가온다고 호언장담했던 'OSAKA의 미래' 따위는 실

그림 6-3 오스카 드림(촬영: 도부 아키코)

감할 수 없다. 이곳은 개발 전부터 공장 · 창고 · 공동주택이 혼재했다. 길 건너는 보트 경기장이다. 그 서쪽은 저수지와 관련 산업이 모여 있어 임해부 특유의 경관을 갖췄다.

보트 경기장과 오스카 드림은 뉴트램으로 남북이 완전히 분단된 채 서로 다른 방향을 향해 지어졌다. 주변에 열린 공간성을 갖추지 못한, 즉 장소성과 지리역사적 맥락과는 무관한 임플란트형 시설인 셈이다. 테크노포트 오사카와의 관계성(접근성)만 고려한 것일까. 21세기 오사카의 미래가 왕림할 무대치고는 너무나 빈약한 상태다. 이 폐쇄적인 공간이 지역에 뿌리내릴 가능성은 없다. 그러니 오사카의 미래를 선점하는 중심 지역으로 성장한다는 이야기는 그야말로 허무맹랑한 꿈이었다.

오사카시 교통국의 또 다른 토지 신탁 활용 장소인 페스티벌 게이트는 어떨까. 계획에서 입안된 36층짜리(130m) 주택 건물은 만들어지지 않았다. 결국 유원지를 중심으로 한 상업 공간이 탄생했다. 신세카이를 외면하는 듯한 이 건물은, 언뜻 개방적인 공간처럼 보이지만 실제로는 주변과 아무 관련이 없는 자기완결형의 임플란트형 시설이다. 축제 공간을 구현할 무대는 훼손됐다. 철거 뒤 한류 테마파크를 세운다는 계획은 어디론가 사라지고 지금은 대형 할인점과 파칭코 영업장이 자리를 지킨다.

지하 4층 · 지상 7층 규모의 빅 스텝은 중앙에 아트리움 광장을 배치한 상가다. 건물 정면 · 정중앙에 광장이 있으니 공간적 개방성이 담보된 셈이다. 하지만 빅 스텝이 위치하는 곳은 젊은이의 거리 아메리카무라다. 자동차 통행이 허용되지만, 휴일이면 보행자 거리처럼 변한다. 10대를 중심으로 젊은이들이 오간다. 의류를 중심으로 한 노면 매장 앞에 가판대가 도로면까지 비집고 나와 독특한 거리 풍경을 연출하고 있다.

간단한 음식을 포장할 수 있는 식당이 많다. 청년들은 편하게 서서 먹거나 먹으면서 걷는다. 엔니치縁日처럼 떠들썩한 거리다. 주변 상업 활성화를 꾀했던 이 임플란트형 건물도 기대에 부응하지 못하고 매각된 상태다. 이 거리의 성격과 특색을 고려하면, 오히려 유휴지를 배치해서 프리마켓이나 음악 관련 이벤트를 제공할 수 있는 유연한 공간 용도를 계획해도 좋았을 듯하다. 토지 이용의 고도화만 추구할 게 아니다. 도시에는 공간의 놀이나 여유도 필요하다.

장소에는 지리 · 역사적인 조건과 맥락을 바탕으로 한 개성이 있다. 동시에, 장소는 단순한 개체가 아니다. 원근을 떠나, 다른 장소와의 관계성 속에서 존재한다는 사실을 잊으면 안 된다. 이러한 장소성을 조금도 고려하지 않은 임플란트형의 (재)개발 사업은 결국 오사카 1990의 최후를 따라가고 있는 게 아닐까. 도시의 공간 구성에는 장소로부터의 발상이 필요하다.

오사카 2025의 도시상

만국박람회 개최 결정의 흥분이 가시지 않아서라는 맥락으로밖에 이해할 수 없는 일이 있다. 지하철 관련 주요 사업자인 오사카 메트로는 유메시마에 설치할 새 역 관련 구상을 발표했다(아사히신문, 2018년 12월 21일). 이 구상은 유메시마에 카지노를 중심으로 한 통합형 리조트(IR)를 세우겠다는 계획의 영향을 받은 것이다.

이 보도에 따르면, 신역은 지하 1층 · 지상 55층(높이 250m 초과)의 타워빌딩과 일체화된 역으로 상업 · 오락시설, 사무실, 호텔 등이 들어서게 된다. 역이 들어서면 높이가 거의 비슷한 오사카부 사키시마 청사와 대면하는, 시야가 탁 트인 지역 대표 랜드마크가 될 확률이 높다. 게다가 WTC처럼 꼭대기 층에 전망대를 설치한다는 계획이다. 망원경으로 마주 보면서 맞선이라도 하겠다는 걸까.

오사카 메트로는 신역의 설치에 발맞춰 도합 15개 역을 지역성을 반영한 개성적인 역으로 재정비할 의향이 있다고 밝혔다. 신오사카역의 컨셉 '가까운 미래의 오사카'처럼 말이다. 게다가 유메시마로 연결되는 지하 터널에 LED 라이트를 이용한 연출을 통해 미래에 연결되는 듯한 공간을 만든다고 한다. 글쎄, 강한 기시감이 드는 어구들의 나열이다. 역사에서 배우고 주제를 제대로 파악하는 일도 중요하다고 생각한다. 쓰레기 매립으로 태어난 꿈의 인공섬에 내려앉을 미래, 오사카2025의 미래는 과연 어떤 모습일까.

에필로그

지역의 해체

'지역'의 확대

아베노. 여기도 터미널이다. 국제 시장부터 도비타 유곽과 산노초를 빠져나가 잔잔 요코초까지, 정말 놀라운 구역이다.

—사카구치 안고 『안고 신일본지리』

1장에서 살펴본 것처럼, 나베 가쓰유키는 전쟁 전부터 오사카의 번화가가 시가지의 남단(아베노바시)과 북단(우메다)으로 확장하고 있다는 사실을 지적했고, 번화가 확장 현상이 전쟁 후에 더 확실해졌다고 적었다(「게이한 신번창기」, 1947년 1월). 이로부터 5년 뒤 사카구치 안고가 오사카를 방문했다. 그는 아베노를 중심으로 하는 번화가 확대를, 연접하는 '보란 듯한 매음의 대진열장'으로 파악한다(5장 참조). 오사카에서 출생한 작가 구로이와 주고는 아베노 터미널(국제 시장) → 도비타 유곽 → 산노초 → 잔잔 요코초로 이어지는 지리공간적 질서에 관해 꼼꼼하게 풀어 썼다.

아베노 일대라고 해도 굉장히 넓다. 사철과 국철의 터미널이 된 아베노 터미널. 이곳에서 아사히마치의 좁은 상점가를 향해 북쪽으로 이동하면 아카센이 운영되던 화려한 시기 때의 구 도비타 유곽이 나온다. 지금은 아르바이트 요정料亭으로 간판을 바꿔 달았다. 하지만 하는 일은 옛날과 같다.

구 도비타 유곽 앞에는 오몬도리가 있다. 도로를 사이에 두고 잔잔 요코초로 이어진다. 잔잔 요코초의 끝은 츠텐카쿠가 있는 신세카이이다.

그러니 여기서 쓰는 아베노 근처란 아베노 터미널, 아사히마치, 도비타, 잔잔 요코초, 신세카이를 포함한 넓은 번화가라고 보면 된다.

—『막장인생』

5장에서 인용한 오가와 다츠오의 『악인 소크라테스』는 도비타신치로부터 잔잔 요코초와 츠텐카쿠로 독자를 이끈 다음, 일본 제일의 간이 숙소 거리인 가마가사키에서 주인공 소크라테스를 화려하게 등장시킨다. 마찬가지로 사진작가인 스나모리 가츠미 또한 지하철 사카이스지선의 동물원 앞 역을 기점으로 신세카이 일대의 오사카다움을 표현한 뒤 간이 숙소 거리이자 일본 최대의 자유노동시장인 가마가사키로 발길을 옮겼다(『가마 · 태양 오사카 니시나리』).

이곳에서 살았던 데라시마 다마오는 '간이숙소 거리'를 중심으로 한 주변공간의 사회적 의미를 더 강조했다. 그는 아베노 일대가 아니라 가마가사키 자체의 지역성을 넓게 파악해야 한다는 입장을 밝혔다. 데라시마는 구로이와의 문장을 인용하면서도(도비타만이 누락되어 있다), 인용부의 서두를 가마가사키 일대라고 고쳐도 공간적 정의는 충분히 통용된다고 여겼다(『가마가사키 어휘집 1972~1973』).

그는 가마가사키 긴자와 그 일대를 전통적/중심적인 가마가사키라고 평가했다. 한편, 가마가사키적인 공간은 확산 경향이 있기 때문에 구로이와의 아베노 일대를 가마가사키 일대로 바꿨다. 가마가사키 일대란 일용직 노동자가 하루벌이를 갖고 돌아가 그 돈을 소비하는 지역의 범위로 볼 수 있다.

음식과 주거라는 관점에서 보자. 주거는 당연히 간이숙소다. 간이숙소의 집적지를 중심으로 음식과 관련한 장소들이 연접하는, 생활 공간의 총체. 바로 데라시마가 그렸던 가마가사키 일대다. 데라시마는 철도역이 있는 덴노지 · 아베노바시에서 도비타 유곽으로 내려가는 전용 도로와 같은 아사히마치를 가장자리 공간의 예시로 삼았다. 폭이 좁은 간이식당이 쭉 늘어섰고, 화장을 짙게 한 여자들이 손님을 끌었다. 이런 아사히마치나 신세카이 등, 특색 있는 장소들이 가마가사키를 둘러쌌다.

데라시마가 쓴 글은 아니지만, 아래와 같은 서술도 꽤 재미있다.

> 노토야能登屋 긴자도리를 북쪽으로 빠져나와 굴다리를 지나면 나니와구 에미惠美 초등학교 남동쪽에 있는 대중식당이 나온다 (…) 호르몬 우동을 파는 가게 중에서 이곳이 가장 북쪽이다. 즉 가마가사키 북단인 셈이다
>
> —『가마가사키 어휘집 1972~1973』

장소에 밀착한 음식 문화 역시 가마가사키의 공간성을 표상하고 있었다.

재개발로 인한 분리

데라시마 다마오 등이 가마가사키 일대의 외연 공간으로 평가한 아사히마치는 '아베노구 아베노(스지) 1초메(긴테쓰 백화점 맞은편)부터 니시나리구 산노초 4초메까지의 내리막길에 구불구불 형성된 길고 좁은 상점가'다(『가마가사키 어휘집 1972~1973』). 이 길의 모습이 사라져 쓸쓸하다. 도시재개발법에 따라 1969년 사업계획이 세워진 후 1976년에 착공했지만, 결과적으로 40년 이상의 세월이 걸려버린 용지 매입방식의 '아베노 지구 제2종 시가지 재개발사업' 때문에 일대 정비 환경이 단계적이면서 동시에 극단적으로 변했기 때문이다.

고층의 주거 건물이 먼저 건설됐다. 이어 남쪽에 아베노 베르타(1987년), 북쪽에 아베노 루시아스(1998년) 등의 대형 시설이

그림 E-1 아베노 큐즈타운(촬영: 도부 아키코)

들어섰다. 그리고 2011년 4월, 마지막까지 남았던 재개발 계획 지구 동부의 광대한 땅에 도큐東急 부동산이 관여한 쇼핑몰 아베노 큐즈타운이 개업한다. 막대한 부채를 남긴 이 사업이 결국 마무리된 것이다. 아베노 큐즈타운 일대는 원래 아베노 긴자로 불리던 상점가다. 『가마가사키 어휘집』에 나오는 아사히마치旭町를 입구로 삼는 목조 가옥(점포) 밀집 지구였다. 2000년대 중반까지는 암시장이나 아오센 지구를 연상시키는 로지가 남아 있었다. 대기업 백화점 소고そごう가 중심 입점 점포인 63층(!) 빌딩 건설이 좌절되는 등의 우여곡절이 있었으나 결국 도큐 부동산이 주도하는 재개발이 시행된다. 아베노 큐즈타운은 암시장/아오센 분위기가 남아 있던 곳을 빈터로 만든 후 그 자리에 모습을 드러냈다.

데라시마 다마오는 1999년에 사망했기 때문에 이 재개발의 결말을 목격하지 못했다. 하지만 그는 이 사업의 계획단계 시기에 가마가사키 일대의 해체를 예언하고 있었다. 그는 상술한 공간 구성이 '가마가사키를 서쪽의 언덕 밑에 가둬서 반영구화 하려는 것'이라고 일갈한 적이 있다.

바꿔 말하면, 우에마치 대지 위의 아사히마치와 절벽 아래 산노초로부터 가마가사키의 중심(핵)에 이르는 일대와의 공간적 관계를 절단하는 사업, 그게 바로 데라시마의 눈에 비치는 아베노 재개발의 본질이었다.

대형 상점이 가득 차버린 아베노

2014년 3월, 초고층 빌딩 아베노 하루카스가 전면 개업했다. 그 남쪽에는 아베노 Hoop(2000년), 아베노 and(2008년)가 이미 자리를 차지하고 있었다. 다시 아베노스지를 사이에 두고 아베노 큐즈타운까지 세워졌다. 이렇게 오사카 순환선 이남의 아베노스지 동서쪽에 고도의 상업 집적 공간이 형성됐다.

나는 1990년대 초반에 이 지역을 처음 방문했다. 90년대 아베노 Hoop 개업 이후에도 여전히 여관 영업이 성행하는 등, 아베노스지에 면한 대로를 제외하면 뒷골목의 정서가 짙게 남아 있었다.

시차를 두고 세워진 일련의 대형 상업시설은 이곳에 어떤 영향을 미쳤을까. 지금도 러브호텔이나 유흥업소가 산재하지만, 뒷골목다운 특유의 야릇함은 점점 흐려지는 듯하다. 신축 주택이 눈에 띄게 늘었고, 주차장 등의 한시적인 토지 이용과 공지도 증가 추세다.

하루카스에 이어 긴테쓰 백화점, Hoop, 그리고 and가 거의 남북을 따라 세로로 줄짓고 아베노스지 서쪽에 큐즈타운이 탄생하면서 일대의 집객력은 현격하게 높아졌으리라. 이 모든 시설이 하나가 돼 거대한 쇼핑몰을 구성하는 듯한 인상을 받는다. 사실 긴테쓰 백화점 1층에서 Hoop 방향으로 그대로 걸으면 Loft가 입주한 and까지 거의 직선으로 이동할 수 있다. 방문객은 걸음을 큐즈타운으로 방향을 바꿀 수는 있어도, 이 부근을 벗어나기는 힘들다.

이런 종류의 상업시설의 내부 공간은 화려하게 연출되기 마련이다. 하지만 전혀 관심을 기울이지 않은 듯한 외관은 메마르고 스산하다.

다양한 소매점 · 식당을 한 지붕 아래 묶은 자기 완성적인 공간 건축 쇼핑몰. 쇼핑몰이 복합돼 구조적 일관성을 갖춘 아베노스지 북단 상업 공간은 과연 나베 가쓰유키가 그려냈던 번화가의 미래상을 구현한 것일까. 안고가 말하는 터미널성도, 구로이와 주고나 데라시마 다마오가 말하는 지역성도, 이미 사장되고 있다는 사실만은 확실한 것 같다.

오노 도자부로의 발자취

「햐쿠반百番」, 오노 도자부로가 쓴 시다. 초반부를 발췌한다.

오늘은
지하철로 가지 말고
걸어서 위에서부터 갈까?
아사히마치 상점가를 내려갈까.
'노동자의 삶'의 데라시마의 방이나
'살루톤-통신'의 무카이의 사무실이 있다
비폭력과 직접 행동의 거리로
오늘 밤이었군
송년회, '햐쿠반'인 것은.

여기서 '햐쿠반'은 도비타 햐쿠반이라고도 불렸던 도비타신치의 요릿집 '다이요시 햐쿠반'을 뜻한다. 다이쇼 시기 건축된 호사스러운 대좌부를 전용한, 대단한 점포다. 방마다 주제를 배치했다. 여기에 관해서는 가미모로 나오미의 화보 『도비타 햐쿠반 유곽의 잔조飛田百番 遊廓の残照』의 일독을 권한다.

위 시는 햐쿠반에서 열리는 연회에 가는 사람의 심정을 읊고 있다. 가상의 노정—오노 도자부로의 발자취와 이야기—을 따라가면서, 이 시를 아베노/가마가사키 일대를 둘러싼 공간지空間誌로 해석하려 한다.

아베노구 한난초阪南町에 살았던 오노가 지하철을 이용했다면 아마도 미도스지선을 탔을 것이다. 두 채가 붙은 연립주택Semi-detached, 지금도 그대로 문패가 남아 있는 그의 집에서 가장 가까운 쇼와초역昭和町駅까지는 걸어서 15분도 채 걸리지 않는다. 다니마치선 후미노사토역文の里駅 도 근처에 있지만, 쇼와초역까지는 외길이다. 쇼와초역에서 지하철을 타면 덴노지역이 아니라 동물원 앞 역에서 내리는 편이 걸음을 아낄 수 있다.

하지만 시는 '걸어서 위에서부터 간다'라고 말했다. 자택에서 아베노스지로 나와 (한카이 전기 궤도 조마치선을 이용하지 않고) 그저 북쪽으로 올라갈 생각이다. 이 시는 1980년 발행된 시집『환호성새가環濠城塞歌』에 수록되어 있으므로, 1970년대 후반의 시작詩作으로 추정된다. 아베노 재개발이 벌써 시작됐을 때다. 목조주택이 밀집한 재개발 예정지를 곁눈질하면서 도비타 햐쿠반에 가기 위해 그가 선택한 길은 '아사히마치 상점가'였다. 바로 이 점이 흥미롭다.

지하철 미도스지선을 사용했든 도보로 이동했든, 남북으로 이동하는 그의 동선은 도비타 햐쿠반을 지나쳐 버린다. 도보로 한정하면, 아베노스지 북쪽으로 올라가 난카이 철도 히라노선平野線이 부설되고 있던 아베노 묘지 북쪽의 도로부터 도비타신지에 들어가는 쪽이 거리로는 훨씬 가깝다. 그런데도 그는 굳이 우회해서 아사히마치 상점가를 스치려 했다. 아베노/가마가사키를 지역으로서 공간적으로 경험하는 사람들의 발걸음은 저절로 아사히마치의 구불구불한 길에 닿게 되겠지.

이미 말했듯 아사히마치 상가는 이미 길의 형태도 자취도 없다. 단 하나, 장소의 기억을 머금은 것은 아베노 루시아스 옆 아사히도리阿さひ通의 비석 정도다. 비석 측면에 새겨진 '다이쇼 7년(1918) 3월'이라는 글씨. 같은 해 6월, 도비타 유곽 대좌부 일부가 준공되어 연말에 개업했다는 사실이 저절로 떠오른다. 그렇다. 이곳은 애초부터 절벽 아래 도비타로의 통행로였다.

옛날 아사히마치 상점가를 본뜬 것 같은 아베노 마르쉐 상점가를 빠져나가면 니시나리구와의 행정 구획 경계인 벼랑 끝을 만난다. 오노가 향하는 '절벽 밑의 하쿠반'이다. '내 보금자리는 가마가사키 동쪽의 외곽, 절벽 아래의 로지에 있다'(『나의 오사카 지도私の大阪地図』)라고 말하는 데라시마 다마오의 아파트도 우에마치 대지 서쪽 언덕 아래에 있었다.

인용하지 않은 「하쿠반」 후반부에는 '위에서부터 돌아/ 산가쿠 공원도 빠져나올까'라는 구절이 있다. 가마가사키 긴자 남쪽 끝에 있었던 산카쿠 공원을 한 번 보고 나서 하쿠반으로 간다는 이야기다. 오노 도자부로의 발걸음은 다시 우리에게 아베노/가마가사키의 지역성을 상기시킨다. 강렬한 개성이 넘치는 장소와 연접한 지역, 아니 각각의 장소성이 주위로 배어 나와 비늘 모양으로 겹치면서 색조를 바꿔가는 공간적 확대를 구로이와 주고와 데라시마 다마오는 '지역'이라고 했다. 그리고 물론, 지역을 지역으로 구성하는 것은 그곳에 생활하는 사람 및 오노 같은 방문자의 발자취와 이야기였다.

지역의 미래

「하쿠반」이 발표되고 40년 가까운 세월이 흘렀다. 대지 위에 우뚝 솟은 아베노 하루카스는 재개발 사업의 완성을 과시하는 듯하다. 절벽 아래의 도비타신치는 여전히 활황이다. 오몬에서 신세카이로 통하는 아케이드 상점가를 오가는 사람이나 자전거도 적잖다.

산노초 일대의 건물 개축은 지연 중이지만(데라시마 다케오가 하숙했던 아파트도 남아 있다) 신축 저층 집합주택은 늘고 있다. 협소한 잔잔 요코초는 휴일 오후면 국내외 관광객들로 북적인다. 오전 9시경부터 선술집에서 한잔 걸치는 사람은 현지 단골일 확률이 높다.

신세카이가 구시가쓰串カツ 일색이라고 말하면 약간 과할지 모르지만, 이 열풍은 당분간 이어질 듯하다. 페스티벌 게이트는 제거된 지 오래다. 이번엔 고급 리조트 호텔로 저명한 기업이 신이마미야역 북쪽 빈터에 대규모의 도시형 호텔을 개업한다는 소식이다. 지역에 미칠 영향을 두고 갑론을박이 진행되는 가운데 해당 기업의 공식 홈페이지를 보니 '오사카 음식 문화를 느낄 수 있는 레스토랑이나 카페테리아' 같은 '오사카 역사와 문화를 만날 수 있는 생생한 서비스를 준비'하고 있다는 내용이 소개돼 있다. 그런 건 그냥 거리에서 즐기면 되는 거 아니겠느냐고 혼잣말

을 뇌까리는 건 그저 나뿐인 걸까…….

데라시마 다마오가 말하는 가마가사키의 중심(핵)도 바뀌고 있다. 노동자의 수가 격감했기 때문이다. 인력 시장/간이 숙소 거리로 남아 있긴 하지만 그 기능과 역할은 확연하게 줄어드는 추세다. 이러한 흐름 속에서 간이 숙소가 관광객용 호텔로 전용되는 현상이 늘어나는 한편, 기존 주거 공간을 이용한 복지 대책도 전개되어왔다. 입지가 그대로라도 변화하는 공간 관계 속에서 사회적 위치는 달라진다. 그러므로 이 일대 역시 또 변천할 것이다.

지금까지 우리가 함께 본 것처럼, 모든 장소가 평균화 과정에서 개성이 상실되고 몰장소화되지는 않는다. 취약한 면이 있어도 때로는 강하고 때로는 유연하게 장소의 특성을 꼭 붙잡고 있다. 거기에는 역사적인 용도, 집합적인 기억, 혹은 거주자나 방문자의 공간적인 경험·실천을 통한, 장소의 혼이 가진 힘과는 다른 성질이 존재하는 것만 같다.

도시에는 보이는/보이지 않는 다양한 분단선이 있다. 개방성과 절도 있는 관용을 전제로 하면서 상상력을 펼쳐 근접/원격 상관없이 공간을 교차시킨다면, 장소를 하나의 가치나 기능으로 축소할 수 없는 지역의 새로운 모습도 보일 것이다.

오사카라는 현실의 도시는, 몰/탈장소화하기 쉬운 공간 구상에 '장소'를 다시 자리매김하는 방향을 이미 뚜렷하게 제시하고 있다.

저자 후기

1993년 6월, 처음 오사카를 방문했습니다. 도야마富山 대학 인문 지리학 교실 동료 13명과 함께 '인문지리학 실습 III'이라는 과목명의 필드워크에 참가한 것입니다. 덴노지역 북쪽에 있었던 H라는 멋진 여관을 거점으로 한 5박 6일의 답사는, 사회 지리학의 실천을 표방했던 모임답게 특색 있는 장소를 중심으로 진행됐습니다.

당시 답사 보고서를 보면, 일정은 '주거-상권-공업 혼재형' 도심 주변부를 중심으로 진행됐습니다. 근대에 형성된 구역과 장소를 중심으로 답사를 했습니다. 첫날은 니시요도 강 중공업 혼재 지대와 고베시 나가타구, 둘째 날은 가도마시·도요나카시의 목조 아파트 밀집 지구, 셋째 날은 불량 주택 개량 아파트와 저택 연립 주택 지구/교외 주택 지구, 넷째 날은 아베노 재개발 사업 지구와 가마가사키였습니다.

며칠째였던지 기억은 뚜렷하지 않지만, (당시) 오사카시립대학 대학원생이었던 고故 니와 히로카즈丹羽弘一 씨에게 이끌려 가마가사키 긴자의 한 식당에서 점심을 먹은 일은 지금도 잊을 수 없습니다. 각자 2개 정도의 반찬을 진열장에서 골라 맥주를 가득 채워가며 가마가사키에 관해 뜨겁게 이야기하는 니와 씨의 말에 귀를 기울였습니다. 그날 저녁 식사를 마치고 동급생 I 군, 선배인 고 O 씨 등과 함께 도비타신치의 야경을 본 것도 생각납니다. 이날의 경험이 그 후 저의 연구 방향성을 결정했다고 해도 과언이 아닙니다. 기록을 보면 필드워크 중 재일한국 · 조선인 문제 학습센터, 아베노 재개발사무소, 리버티 오사카, 가마가사키 자료센터 등의 기관을 방문했었습니다. 다만, 몇 곳은 이제 기억이 나지 않습니다.

그때로부터 25년이 지났지만, 나는 아직도 그때 걸었던 장소를 계속 맴돌고 있습니다. 그만큼 강렬한 만남이었습니다. 거리를 거닐면서 공간과 경관의 변화를 실감하고, 그때마다 새로운 발견이 있다는 점에 끌리는 것입니다. 지금 저의 즐거움은 신세카이의 술집에서 낮술을 한 잔 기울이는 것이지만, 아직도 다른 장소를 걷는 즐거움을 찾을 수 있을 듯합니다. 관심 있는 독자분들도 함께하면 좋겠습니다.

끝으로 감사의 말을 남깁니다. 이 책의 부모, 최초의 독자, 그리고 제목을 작명해준 대부인 담당 편집자 가와치 다쿠 씨에게 감사합니다. 그는 너그럽고 인내심이 강한 사람입니다. 이 책의 토대가 된 아이디어는, 오사카 가스 주식회사 에너지 · 문화 연구소 주최의 도시 매력 시리즈 '에너지 · 문화 강좌 2015' 보고회 때 받은 많은 분의 의견입니다. 비슷한 시기, 친구 하라구치 다케시 씨의 조언 덕에 골격을 다질 수 있었습니다. 자료 수집과 관련 답사는 JSPS과연비(16H01965)를 사용했습니다. 모리타 고헤이

씨가 지도 두 장을 제작해주셨고, 도부 아키코 씨가 책이 다루는 주요 지역의 현재 경관 사진을 촬영해주셨습니다. 정말 감사합니다.

마지막으로 느긋하게 걸으면서 이 멋진 도시의 공간 경험을 함께한 학생·졸업생을 비롯한 여러분 모두에게 많은 감사를 전합니다!

2019년 2월 1일

가토 마사히로加藤政洋

역자의 말

오사카의 이야기

오사카의 이야기를 옮겼다. 한국인에게 오사카는 물리적 · 정서적으로 매우 가까운 도시다. 코로나19 사태가 터지기 전의 관광 현황을 보자. 오사카는 2013년부터 2019년까지 한국인이 방문한 해외도시 1위였다. 공적 · 민간 교류도 상당하다. 한국의 여러 지방자치단체는 오사카와 자매결연 또는 우호 협력 관계를 맺고 지속적인 교류를 해왔다. 1985년 부산광역시가 오사카와 체결한 자매항 협정이 대표 사례다. 사람의 이동과 정착 실태는 어떤가. 오사카를 중심으로 한 간사이 지역 체류 한국인은 2019년 기준으로 99,730명, 교토 · 효고 · 나라 거주 한국인은 도합 약 7만 명이다. 현대사의 접점도 존재한다. 오사카 쓰루하시鶴橋는 징용 · 이주 · 이민 등 여러 사연으로 1920년대부터 일본에 터 잡은 재일동포들의 집거지로 '일본의 한국'이 구현됐다. 이처럼 오사카는 역사와 현재, 관광과 생활, 교류와 정착, 이 모든 영역을 아우르며 한국인의 심상心象에 자리 잡은 도시다.

이 책은 오사카가 '현대 도시'로 만들어지는 과정을 해설한다. 오사카가 근세, 근대, 현대를 거쳐 오늘날 우리가 알고 있는 그 '도시'로 만들어지는 과정, 그리고 이 과정에서 잊힌 도시의 역사를 사료와 문학을 통해 재구성했다. 오사카 현지인들도 고개를 갸웃거리게 만드는 지명과 이야기들이 오사카를 단 며칠 스치고 지나간 외국인에게도 새겨진다. 이는 도시가 특정 국가의 전유물이 아니기 때문이다. 도시는 권력 · 자본 · 사람의 욕망과 일상과 희비가 뒤섞인 현대 사회의 구성물이다. 그래서 도시를 살아가는 사람들에게 이웃 도시의 이야기는 그저 익숙하지도 마냥 생경하지도 않다. 도시를 둘러싼 발전과 망각의 서사는 국가를 불문하고 도시인들이 소통할 수 있는 매개다. 역자들이 이미 150권 넘게 출판된 오사카 관련 도서에 한 권을 더하려 했던 이유다.

저자는, '발전사'가 아닌 '망각사'에 더 많은 주의를 기울인다. 도시가 성장하면서 누락되고 기각되는 사람과 장소를 묘사하려 애쓴다. 오늘의 '오사카성性'을 형성했지만, 오늘의 오사카에서 만날 수 없는 도시의 이야기를 인공호흡을 통해 소생하려 노력한다. 저자의 이 인공호흡은 학술과 문예의 경계를 넘나든다.

이야기는 오사카의 가장 큰 번화가 '기타'와 '미나미'를 중심으로 전개된다. 에도 시대부터 형성된 오사카의 중심 난바가 위치한 미나미, 메이지 시기부터 개발이 진행돼 우메다를 중심으로 오사카역과 사철의 종점이 몰려 있는 기타. 두 번화가 모두 현재 오사카의 중심 공간이다. 여기에 슬럼가 가마가사키(아이린 지구)까지, 지리학자인 저자는 종횡무진하며 도시적 공간의 형성 과정을 우리에게 전달한다. 많은 사람이 보고 걸었지만 들리지 않았던 이야기, 도심과 주변부의 교차가 생성하고 배척했던 서사들이다.

도시와 장소

최근 도시는 장소 상실을 둘러싼 아우성에 시달린다. 누군가는 장소를 지우려 하고, 누군가는 장소를 지키려 한다. 도시에 관련한 뉴스 대부분이 이 싸움에 관한 것일 정도다. 도대체 장소가 무엇이길래 이토록 소란스러운가? 우리는 도시에서 풍요롭게 잘 살아가는 중 아니었던가? 도대체 장소가 무엇이건대 지우거나 지켜야 할 대상이란 말인가? 장소 상실의 시대를 살아가는 대중이 받는 질문들이다.

'장소'는 지리학의 핵심 개념 중 하나다. 장소 개념에 관한 부단하고 다채로운 논의는 일단 접어두자. 가장 일반적으로 차용되는 장소 개념은 정치지리학자 존 애그뉴John Agnew의 정의다. 그에 따르면 장소는 '의미를 가진 곳'으로 위치, 현장 그리고 장소감이라는 세 가지 특징을 갖는다. 특히 인간에게 중요한 요소는 바로 '장소감'으로, 사람이 장소에 대해 가지는 주관적이고 감정적인 애착을 뜻한다. 바꿔 말하면, '기억이 아니라 추억'인 특정한 지점과 아우라라고도 할 수 있다. 누군가가 계속해서 재생하고 싶은 감각을 제공하는 특정한 지리적 지점, 저마다의 삶에 녹아 있는 상실의 경험 속 무대. 도시는 이 무대를 삼킨다. 도시를 만드는 권력과 자본은 개인의 삶에 주어진 장소들을 훼철하고,

자신(권력과 자본)을 재생산하는 특정 영역으로 만든다. 이 과정에서 사람과 삶의 장소감은 고려사항이 아니다. 구도심의 도시 재개발에서 도시재생사업까지, 도시 속 삶들의 장소감을 둘러싼 정치적 논의와 경제적 결행은 멈추지 않는다. 사람들은 계속해서 자신의 장소들을 상실하고, 주어진 장소 속에서 살아간다. 개발도상국은 도시재개발을 통한 이윤 창출의 과정에서, 경제선진국들은 도시재생사업이라는 이름의 외부요소 투입의 과정에서, 저마다 제가끔 잃는다.

여기서 이 책은 우리와 이어진다. 생경한 명사들로 도배됐지만, 지금의 우리가 공감할 수 있는 이야기를 해주기 때문이다. 도시 인구가 전체 인구의 과반을 상회하는 한국과 일본을 살아가는 사람들이, '장소 상실의 시대'와 '공간 개발의 시대'를 매개로 만날 수 있다. 장소 상실과 장소 방어의 싸움, 도시의 배후와 사람의 중심이 서로를 견주는 이 싸움은 여전히 치열하다. 최근 10여 년 동안 다양한 '명분'으로 진행된 싸움 덕에 우리는 이제 안다. 경제적 이윤을 얻기 위한 개발의 후유증인 '장소 상실'의 심각성, 그리고 사람의 일상과 욕망에 대한 깊은 고민 없이 명분의 기치만 드높은 '장소 개발'의 위험성을 말이다. 그 결과, 개발이 아닌 파괴와 보존이 아닌 박제 모두 경계 대상이라는 사실이 두드러졌다. 장소는 파괴나 개발과는 무관하다. 장소는 어쩌면 동사다. '사람의 일상과 추억이 켜켜이 쌓이고 무르익는다' 같은. 이 책은 그 동사가 휘청거리는 장면들을 묘사하고 있다.

다시 걷기

역자들은 오사카를 잠시 살았고 자주 걸었다. 이 책이 다루는 숱한 지명을 자연스레 연상할 수 있는 삶의 구간을 지나왔다. 하지만 책의 내용은 익숙하지 않았다. 분명 걸었고, 봤고, 머물렀던 고유명사였는데도 말이다. 그래서 우리는 저자의 시선을 차근차근 따라가며 텍스트 속에서 그 풍경들을 연결하며 이 책을 읽었다. 그러자 오사카가 거대한 장소로 다가오는 듯했다. 오사카에 이미 익숙한 분들이 이 책을 접하고 생경한 오사카의 이야기와 만날 수 있기를 바란다. 다시 오사카를 걷는 느낌, 다른 오사카와 만나는 실감.

책에 넘실거리는 고유명사는 이 재회와 재생에 필요한 약간의 수고로움이자 충분히 가치 있는 빼곡함이다. 우리에게 익숙하지 않은 지명과 인명도, 우리에게 익숙한 변화와 문제를 관통하며 살았다는 사실을 잊지 말자. 모든 걸 기억할 순 없어도, 잊지 않으려 애쓰는 마음이 저마다의 장소를 만들고 지켜내는 가장 강력한 방법이 아닐까.

역자를 대표하여, 곽규환

참고문헌

朝日新聞社編, 『アサヒ写真ブック37大阪』, 朝日新聞社, 一九五六年.

朝日新聞社社会部編, 『大阪·いまとむかし』 中外書房, 一九六七年.

阿部和俊, 「都市の盛衰と都市システムの変容」(阿部和俊·山﨑朗, 『変貌する日本のすがた』, 古今書院, 二〇〇四年).

生田武志, 『釜ヶ崎から一貧困と野宿の日本』, ちくま文庫, 二〇一六年.

石川栄耀, 「郊外聚落結成の技巧」(『都市公論』 第十三巻十号, 一九三〇年).

石川栄耀, 『都市動態の研究一愛知県五市を資料として』, 郷土科学パンフレット(郷土教育連盟刊, 刀江書院発売), 一九三二年.

石川栄耀, 「人文地理的角度から一都市力学の演習」(『都市公論』 第十五巻六号, 一九三二年).

伊勢戸佐一郎, 「大阪市内主要問屋街(昭和一四年はじめ)」(南博編, 『近代庶民生活誌 第七巻』, 三一書房, 一九八七年).

井上理津子, 『さいごの色街 飛田』筑摩書房, 二〇一一年.

今木善助·伊勢戸佐一郎, 『銘木濱日記』, 東方出版, 一九八九年.

宇野浩二, 『大阪』, 小山書店, 一九三六年.

大阪市(大阪都市協会編), 『大阪市主要プロジェクト集』, 大阪都市協会, 一九九〇年.

大阪市建設局西部方面管理事務所(津守下水処理場), 『TSUMORI SEWAGE TREATMENT PLANT』, 二〇一二年.

大阪市市長室企画部総合計画課編, 『大阪市総合計画21一人間主体の

まち, 世界に貢献するまちをめざして』, 大阪市市長室企画部総合計画課, 一九九〇年.
大阪市総合計画局編,『大阪市総合計画/基本構想1990』, 大阪市総合計画局, 一九六七年.
大阪市総合計画局編,『大阪市総合計画1990』, 大阪市総合計画局, 一九七八年.
大阪市都市環境局,『津守下水処理場』, 二〇〇六年.
大阪市都市整備局編,『大阪駅前市街地改造事業誌』, 大阪市都市整備局, 一九八五年.
大阪地下街株式会社編,『大阪地下街30年史』, 大阪地下街株式会社, 一九八六年.
大阪府,『大阪百年史』, 大阪府, 一九六八年.
大阪府内務部商工課,『食料品市場調』, 一九一九年.
大阪府立産業開発研究所,『大阪における企業の本社機能に関するアンケート調査結果報告書』(産開研資料 No.88), 二〇〇四年.
大阪,「平成京」, 委員会·嶺竜一,『大阪に「平成京」を創るー 大阪駅北ヤード開発プロジェクトで大阪経済の再生を!』, ダイヤモンド社, 二〇〇六年.
小川竜生,『極道ソクラテス』, 光文社文庫, 二〇〇〇年.
織田作之助,「わが町」(『織田作之助全集3』 講談社, 一九七〇年).
織田作之助,「神経」,「世相」,「大阪の女」(『織田作之助全集5』, 講談社, 一九七〇年).
織田作之助,「大阪発見」,「大阪論」,「大阪の顔」,「東京文壇に与う」,「起ち上る大阪ー戦災余話」,「永遠の新人ー大阪人は灰の中より」(『織田作之助全集8』, 講談社, 一九七〇年).
小野十三郎,『千客万来』, 秋津書店, 一九七二年.
小野十三郎,「大阪」(『小野十三郎著作集 第一巻』, 筑摩書房,一九九〇年).
小野十三郎,「百番」(『小野十三郎著作集 第二巻』, 筑摩書房, 一九九〇年).
開高健,『日本三文オペラ』, 新潮文庫, 一九七一年.
加藤政洋,『大阪のスラムと盛り場ー近代都市と場所の系譜学』, 創元社, 二〇〇二年.
加藤政洋,『花街ー異空間の都市史』, 朝日選書, 二〇〇五年.
株式会社阪急阪神百貨店,「阪神百貨店のあゆみ」(https://www.hankyu-hanshin-dept.co.jp/ayumi_hs.html〔2018年10月8日最終閲覧]).
加茂利男,『世界都市ー「都市再生」の時代の中で』, 有斐閣, 二〇〇五年.
岸政彦,『ビニール傘』新潮社, 二〇一七年.
岸本水府,「京阪神盛り場風景」(酒井眞人·岸本水府,『三都盛り場風景』, 誠文堂, 一九三二年).
北尾錄之助,『近代大阪』, 創元社, 一九八九年(原著は一九三二年).
北新聞社編,『北区勢大鑑 1953年版』, 北新聞社, 一九五三年.
黒岩重吾,『どぼらや人生』, 講談社文庫, 一九七三年.
黒阪雅之,『今里新地十年史』, 今里新地組合, 一九四〇年.
酒井義雄,「探訪記的に描いたー千鳥橋·四貫島」(『大大阪』第八巻十一号, 一九三二年).
坂口安吾,『安吾新日本地理』, 河出文庫, 一九八八年.
司馬遼太郎,「井池界隈」(『司馬遼太郎短篇全集 第一巻』, 文藝春秋, 二〇〇五年).
柴崎友香,「意識の底にすり込まれた風景.これは,『もう一つの大阪』だ.」(『大阪地下街本(ぴあMOOK関西)』, ぴあ株式会社関西支社, 二〇一三年).

清水進一編,『大阪金物団地十年の歩み』, 大阪金物問屋近代化協同組合, 一九七三年.
白波瀬達也,『貧困と地域ーあいりん地区から見る高齢化と孤立死』, 中公新書, 二〇一七年.
杉坂圭介,『飛田で生きる 遊郭経営10年, 現在, スカウトマンの告白』, 徳間書店, 二〇一二年.
杉原達,『越境する民ー近代大阪の朝鮮人史研究』, 新幹社, 一九九八年.
砂守勝巳,『カマ·ティダ大阪西成』, アイピーシー, 一九八九年.
平良盛吉,『関西沖縄開発史ー第二郷土をひらく』, 日本民主同志会, 一九七一年.
寺島珠雄,『私の大阪地図』, たいまつ社, 一九七七年.
寺島珠雄,『釜ヶ崎旅の宿りの長いまち』, プレイガイドジャーナル社, 一九七八年.
寺島珠雄編著,『釜ヶ崎語彙集1972-1973』, 新宿書房, 二〇一三年.
トゥアン·イーフー,『トポフィリア 人間と環境』, 小野有五·阿部一訳, ちくま学芸文庫, 二〇〇八年.(이푸 투안,『토포필리아 환경 지각, 태도, 가치의 연구』, 이옥진 역, 에코리브르, 2011)
徳尾野有成,『新世界興隆史』, 新世界興隆史刊行会, 一九三四年.
土佐昌樹,「都市と地下街」(『歴史手帖』第一四〇号, 一九八五年).
富岡多恵子,「解説」(同編『大阪文学名作選』, 講談社文芸文庫, 二〇一一年).
鍋井克之,「京阪·新繁昌記」,「ターミナル南北盛り場」,「大阪の顔『南』」(『鍋井克之随筆集閑中忙人(ひまでいそがしいひと)』, 朝日新聞社, 一九五三年).
鍋井克之,『大阪繁盛記』, 布井書房, 一九六〇年.
西本裕隆,『飛田新地の人々 関西新地完全ガイド』, 鹿砦社, 二〇一六年.
ハーヴェイ·デヴィッド,『ポストモダニティの条件』, 吉原直樹監訳, 青木書店, 一九九九年.(데이비드 하비,『포스트모더니티의 조건』, 구동회, 박영민 역, 한울, 2009)
橋本健二·初田香成編著,『盛り場はャミ市から生まれた』, 青弓社, 二〇一三年.
林芙美子,『めし』, 新潮文庫, 一九五四年.
原口剛·稲田七海·白波瀬達也·平川隆啓編著,『釜ヶ崎のススメ』, 洛北出版, 二〇一一年.
原口剛,『叫びの都市ー寄せ場, 釜ヶ崎, 流動的下層労働者』洛北出版, 二〇一六年.
伴源平編,『大阪名所獨案内』, 柳原喜兵衛·北村孝治郎·此村彦助, 一八八二年.
日限満彦,『アメリカ村のママ日限萬里子』, 小学館, 二〇〇七年.
藤沢桓夫,「大阪の散歩道」,「大阪の顔」(『大阪の人』, 光風社書店, 一九七四年).
藤沢桓夫,『私の大阪』, 創元社, 一九八二年.
藤沢桓夫,『大阪「鶴橋」物語 ごった煮商店街の戦後史』, 現代書館, 二〇〇五年.
ベンヤミン·ヴァルター,「モスクワ」,『ベンヤミン·コレクション3 記憶への旅』, 浅井健二郎編訳/久保哲司訳, ちくま学芸文庫, 一九九七年.(발터 벤야민,「모스크바」,『발터 벤야민의 모스크바 일기』, 김남시 역, 그린비, 2005)
堀晃,「梅田地下オデッセイ」(有栖川有栖編,『大阪ラビリンス』, 新潮文庫, 二〇一四年).
本渡章,『続々·大阪古地図むかし案内ー戦中~昭和中期編』, 創元社, 二〇一三年.

牧村史陽,『大阪ガイド』, 東京法令出版, 一九六一年.
牧村史陽編,『大阪ことば事典』, 講談社学術文庫, 一九八四年.
水内俊雄·加藤政洋·大城直樹,『モダン都市の系譜ー地図から読み解く社会と空間』, ナカニシヤ出版, 二〇〇八年.
宮本又次,『キター中之島·堂島·曾根崎·梅田ー風土記大阪I』(ミネルヴァ·アーカイブズ)ミネ·ルヴァ書房, 二〇一三年〔原著は一九六四年〕.
山崎豊子,「船場狂い」(富岡多恵子編,『大阪文学名作選』, 講談社文芸文庫, 二〇一一年).
梁石日,「今里新地」(梁石日の大阪曼陀羅第8回)(『週刊宝石』, 二〇〇一年一月二五日号).
吉富有治,『大阪破産』, 光文社ペーパーバックス, 二〇〇五年.
ルフェーブル·アンリ,『「五月革命」論突入ー ナンテールから絶頂へ』, 森本和夫訳, 筑摩書房, 一九六九年.
『大阪ガイド』昭和三〇年六月号, 瑞穂観光, 一九五五年.

오사카

도시의 기억을 발굴하다

초판 1쇄 발행 2021년 8월 31일

지은이 가토 마사히로
옮긴이 곽규환 · 진효아
펴낸이 강수걸
편집장 권경옥
편집 강나래 김리연 신지은
디자인 권문경 조은비
경영지원 공여진
펴낸곳 산지니
등록 2005년 2월 7일 제333-3370000251002005000001호
주소 부산시 해운대구 수영강변대로 140 BCC 613호
전화 051-504-7070 | 팩스 051-507-7543
홈페이지 www.sanzinibook.com
전자우편 sanzini@sanzinibook.com
블로그 sanzinibook.tistory.com

ISBN 978-89-6545-739-8 03910

* 책값은 뒤표지에 있습니다.
* 잘못된 책은 구입하신 곳에서 교환해드립니다.